销售的艺术

把话说到客户心里去

李鑫声　编著

团结出版社

图书在版编目（CIP）数据

把话说到客户心里去 / 李鑫声编著 . -- 北京：团
结出版社 , 2019.4（2023.11 重印）
（销售的艺术）
ISBN 978-7-5126-6975-8

Ⅰ . ①把… Ⅱ . ①李… Ⅲ . ①销售－语言艺术－通俗
读物 Ⅳ . ① F713.3－49

中国版本图书馆 CIP 数据核字（2019）第 082319 号

出　　版：团结出版社
　　　　　（北京市东城区东皇城根南街 84 号　邮编：100006）
电　　话：（010）65228880　65244790（出版社）
　　　　　（010）65238766　85113874　65133603（发行部）
　　　　　（010）65133603（邮购）
网　　址：http://www.tjpress.com
E - mail：zb65244790@vip.163.com
　　　　　tjcbsfxb@163.com（发行部邮购）
经　　销：全国新华书店
印　　刷：金世嘉元（唐山）印务有限公司

开　　本：145mm×210mm　　32 开
印　　张：6 印张
字　　数：110 千字
版　　次：2019 年 4 月　第 1 版
印　　次：2023 年 11 月　第 2 次印刷

书　　号：978-7-5126-6975-8
定　　价：29.80 元

前　言

销售的核心是什么？简单来说，销售就是通过说服客户来达成交易。如果销售人员缺乏相应的口才技巧，就无法和客户进行良好沟通，也就谈不上说服客户，进而也就无法成功地达成交易。正所谓"没有卖不出去的产品，只有不会说话的销售员"！

销售人员一旦具备了良好的沟通能力，把话说到客户心里去，就能够准确而顺利地约见到客户，争取到向对方推销的机会；就能够迅速地吸引客户的注意力、引起对方的兴趣，从而打开销售工作的局面；就能够一步步地激起客户的购买欲望，并最终说服对方从而成交。

可以说，口才的影响力会伴随着销售工作的整个过程。可以毫不夸张地说，销售的成功在很大程度上可以归结为销售人员对口才的整体运用与良好发挥。可以这么说，口才在销售过程中的重要作用是非同寻常的。

拥有好口才是每个销售员必须修炼的一门基础课，这同样也是成为优秀销售员所必备的前提条件。在竞争激烈的当代社会，良好的沟通能力是销售工作成功的核心技能。

本书结合大量销售的实际事例，为即将进入或正在从事销售工作的朋友逐一解析把话说到客户心里去的秘密，并提供了切实可行的操作方法，指导销售人员如何恰当、灵活地运用这些妙招，进而掌握高超的沟通之道，让你从一个销售菜鸟进化为销售高手。相信只要你阅读完本书，并把里面讲解的要点在实践中加以训练，你一定会成为一名优秀的销售员，最终也一定能够成就辉煌的销售事业，实现自己宏伟的销售目标。

目　录

·第一章·

高效沟通，与客户"快熟"

　　每个人都有自己的个性特征，都有自己的说话习惯、行为习惯和思维习惯，销售人员可以对不同个性的人采用不同的对策以提高成功率。作为从事销售行业的我们与客户之间最宝贵的是真诚、信任和尊重。而我们和客户之间的桥梁是沟通。懂得倾听客户的话语，从客户的话语中可以得知对方是否真正地理解了我们说话的意思；懂得如何说，使客户的尊严得到了维护，并且拉近与客户之间的距离。

用故事营销产品

总有一些品牌，让我们为之倾倒，成为它们的忠实粉丝，心甘情愿、无怨无悔地充当它们的义务推广员。这些品牌都有一个共同的特点：它们都是会讲故事的品牌，而且是能讲出好故事的品牌。有故事的品牌不止是有形的产品，还有无形的内涵和魅力。当产品与故事完美地融合为一体时，一种特殊的气质便油然而生。事实上，每个成功的品牌都是会讲故事的品牌，每一名金牌销售员都是会讲故事的销售员。

故事就像暗夜里的一颗星，给销售员带来了与众不同的销售方式。学会用故事包装产品，销售员将会发现，销售中竟然蕴含着无穷的乐趣。其实，销售员并不只是一个连接客户终端的人员，更是一个集生产、策划、创意等诸多领域为一身的综合性人才。不过，我们生产、创造的不是产品本身，而是产品的卖点，是客户喜欢并愿意为之付出成本的解决方案。

1989 年，两德统一，德国政府公布要拆除分裂德国的冷战产物"柏林墙"，并对外公开招标承包拆墙的公司，出人意料的是，一家名不见经传的小公司竟在众多实力强劲的对手的竞争中杀出重围，其负责人叫康拉德·乔恩。

德国政府之所以让乔恩拆毁柏林墙，是因为他是众多竞争的承包公司中唯一一家愿意自掏腰包，免费帮助政府拆墙的。原来，早在德国政府公布要拆掉柏林墙时，乔恩就暗下决心，一定要从中为自己大赚一把，但前提是必须拿到这个拆墙工程。

如愿以偿后，乔恩便开始着手实施自己的计划，他先是在德国一家发行量最大的报纸上做了一版广告：存在了 28 年的柏林墙，让全体德国人饱受分裂的耻辱，如果你是位恨透了它的爱国公民，那么现在机会来了，我们邀请你亲手砸毁它！让德国从此重新走向统一，走向永不再分裂的团结！

广告一出，众多德国爱国同胞纷纷来到这堵让他们厌恶已久的柏林墙前，打算动手砸毁它。但问题是，总不能徒手砸它吧，这墙可硬着呢，总得使用个工具吧？这时，轮到乔恩出场了，一把价值约为现在的 15 美元的锤子就在旁边销售，买了就可以砸墙。就是这短短 100 多千米的柏林墙，竟足足吸引了 300 多万德国人前来，仅卖铁锤这一项收入就让乔恩赚翻了天。

当然，锤子只是个开头，重头戏还在后面。原来，将柏林墙砸毁的乔恩又通过报纸传递出一个信息：柏林墙的碎砖片，每片都是一件历史文物。它记录了德国分裂的曾经，值得带回家中永久收藏，它会提醒我们时刻不能忘掉民族的团结，现在我们为你提供绝版的柏林砖，供你限量永久收藏。

乔恩再次获得成功，每块柏林砖的售价竟高达 20 美元，更离谱的是，全德国共有 500 万个家庭买了乔恩的柏林砖。一块普通的砖摇身一变成了名副其实的"金砖"。

其实，乔恩在这里卖得不是"砖"，而是故事。从根本上来说，最顶尖的销售方式更依赖故事，它们可以让客户产生更好的感觉，让客户心甘情愿地埋单。

约翰是一名摄影爱好者，有一次他去参观一个摄影展览，被一幅猪在海洋里游泳的照片所吸引。阳光下，蔚蓝色的大海里有几只可爱的小猪正在游泳，看起来真是令人觉得既有趣又有意义。

然后，摄影师给约翰讲了照片背后的故事。据说，几年前有一些水手经过这座小岛，为了使这里成为一个可靠的秘密食物基地，他们就在这里留下了这些小猪繁衍。幸运的是，这些水手再也没回来过。

这些小猪不愁吃喝，因为沿途经过这里的游艇常常会在海里丢弃一些多余的食物，而小猪似乎是能预料到船艇到来。当看到游艇船只时，小家伙们就热切地跳入海浪中寻觅美食。就这样，它们成为岛上的一个景观。这座岛屿也因此被命名为"猪岛"。

听着照片背后的故事，想着照片所代表的特殊景观和含义，约翰毫不犹豫地买下了这幅照片。

好故事不在长，能令人印象深刻就足矣。这位摄影师只靠一个简单的故事便将一幅照片的魅力展现出来，这就是故事营销的魅力。这个案例告诉大家一个道理：讲好故事，才有直击人心的力量，才能干好销售这一行。

销售的秘诀在于销售员与客户的沟通，而最好的沟通便是情感层面的沟通。那些善于和客户打交道、销售业绩突出的人大多活泼开朗、思维敏捷，更重要的是，他们都善于讲故事，而他们所推销的产品也因他们那引人入胜的故事而深得人心。

不盲目许诺，留下回旋的余地

古语有云："处世须留余地，责善切戒尽言。"为人处世，切忌说话太满，做事极端，而要充分认识到事情的所有可能性，给自己留下闪转腾挪的余地，避免一下子就被逼到悬崖边上。

任何时候都不要把话说绝了，所谓"话到嘴边留三分"，只有说话留有余地的人才能有所掌控，进退自如。当然，也不排除社会上有很多有自信、有实力的人把话说得很满，而且也能做到。可即使这样，最好也不要把话说满，因为凡事先做到总比先说到强，更何况世事难料，还没看到最后结果，总有许多未知的可能。

很多销售员为了吸引客户下单，会盲目许诺很多比较困难甚至根本无法实现的条件，最后被客户拆穿，陷入各种解释、争吵甚至法律纠纷之中，给自己和公司抹黑。

因此，销售员一定要给自己留下回旋的余地，在与客户沟通时说话不要太绝对，不要轻易承诺，不要太早下评断，更不要把对方"赶尽杀绝"，让对方没有台阶下。俗话说："人情留一线，日后好相见。"凡事都要留有余地，这既是为自己留条后路，也是对客户的一种负责。

某天上午，一男一女两位顾客来到某商场家电区选购空调。空调区的营业员林虹微笑着说："你们好，要买空调吗？请随便看看！"

"请问这里有没有格力空调？"

"有，在这边，请问您要装在多大的房间里？"

"大概12平方米。"

"这样的话，我建议您买这款空调，这款不仅性能上可以满足需要，而且价格也不会太贵。"

"天气比较热，下午能不能安装好？"

"没问题。如果现在付款，我们下午就可以给您送货，并且马上安装。"

双方达成交易后，林虹开单，并带顾客到收银台付款，然后到售后服务中心办理送货安装手续。这时，顾客再次强调："下午一定要安装好啊！"

看到顾客如此在意安装时间，林虹有些担心，于是说："请您稍等一下，我咨询一下安装部。"没想到，因为时值盛夏，安装人员的工作量特别大，而且无法长时间在户外作业，今天的工作已经排满了。

林虹只好对顾客说："不好意思，下午已经排满了，必须等到明天上午才能安装。"

"怎么能这样服务呢？付款前说好的，交了钱就可以安装了。"顾客大发雷霆，感觉受到了欺骗。

"很抱歉，售前未跟您讲明，最近空调安装确实是高峰期，明天晚上之前一定给您装好，好吗？"

顾客很无奈，只得叹着气离开。

显而易见，正是因为林虹把话说得太满却又做不到，才引起了顾客的强烈不满。假如她之前及时确定安装时间，并与顾客有效沟通，顾客有可能还会接受，但她的失信让顾客失望而去。这不仅让她失去了这份订单，还给自己和商场带来了不良影响。

那么，销售员应该如何说话，才不会把自己逼上绝境呢？

1. 不说太绝对的话

人们的内心对过于绝对的事物有一种强烈的排斥感，越是绝对的东西就越容易引起他人的攻击，因为在他人看来，绝对其实暗含了一种挑衅和刺激。因此，销售员在与客户交往的过程中，千万不要把话说得太绝对，哪怕是自己绝对有把握的事情也不行，否则就将自己推到了一个被动的位置，使自己举步维艰，寸步难行。与其给别人一个挑刺的借口，不如把话说得委婉一点。

2. 不随意下保证

面对客户的请求，销售员要量力而行，不要向客户随意"保证"，毕竟自己不能预知未来，不可能有百分之百的把握。万一自己最后无法达成客户的要求，那损失的将是自己的声誉和形象。销售员应该用"尽量""试试"等词语来代替"没问题""保证"等。销售就是一场大战，无论何时，销售员都要给自己留有余地，使自己处于进可攻、退可守的优势地位。

3. 说话不要咄咄逼人

即使销售员有理有据，也不能咄咄逼人；哪怕客户的话漏洞百出，也不能让他下不来台。最好的办法是，给自己留下回旋的余地，时刻处于主动地位，这样虽然不能保证大获全胜，但也不会一败涂地。说话圆滑一点儿，既能达到自己的目的，又能规避风险。

4. 建立话语逻辑体系

要想让自己的话被别人信服，首先要建立一套完整的逻辑体系，做到有理有据，不违背常情常理。每件事都有其存在的原因，每句话也有其出现的理由。如果自己说话只顾夸大事实，而违背了常理，那就很容易被别人抓住把柄，再想挽回就很难了。

倾听客户的声音是最好的沟通

我们用一年的时间学会说话，却要用一生来学会闭嘴。事实上这句话并不夸张。在现实社会中，人们最缺乏的不是表达自己，而是学会倾听和理解他人。倾听是一种尊重，更是一种内涵。在与人交往时，千万不要总是自己夸夸其谈、滔滔不绝，而要学会先请别人发言，倾听对方的意见。

很多人觉得倾听非常简单，其实学会倾听远比大多数人想象得困难，因为这需要谦虚谨慎和良好的个人修养。不管自己能力有多强、水平有多高，如果不能清楚对方的想法，那双方的沟通就无法进行，更别说达成共识或建立友谊了。

许多刚入行的销售员常常比较胆小，同时在业绩的压力下又急功近利，于是他们不停地拜访客户。站在客户面前时，他们又害怕自己忘记该说的内容或错过产品的关键点，更害怕自己回答不出客户的问题，遭到客户的鄙视。在这种压力下，他们只好不停地说话，将自己在培训中学到的内容一股脑地丢出去，将客户砸得头晕眼花，结果却是无功而返。其实，销售中最好的沟通方法就是用心倾听。

客户分享得越多，他对这场销售的参与度就越高；客户分享的信息越隐私，他对销售员的信任度就越高，销售员与客户的关系自然也会亲近许多。一般而言，人们向他人分享信息的范畴、深度与彼此之间的关系成正比。也就是说，客户分享的信息越多、越隐私，销售员与他的关系就越紧密，反之亦然。因此，客户讲得越多，彼此就越加亲密；而他越感到亲密，也就讲得越多。

某大型商场的手表专柜前，销售员张琪正在向客户推销手表。她向客户介绍了许多品牌，但客户看起来都不太满意，眼光总是在各处扫来扫去，脸上明显带着不耐烦的神情，看起来似乎就要离开了。这时，张琪突然注意到客户手腕上佩戴的是一块国产梅花表。

张琪："先生，您现在佩戴的这块表很好看、很经典。不过看款式，应该是比较早一点儿的吧。"

客户点点头说："对，这是我妈妈送给我的。我戴了几十年了，很有感情。那时候，一款这样的手表算是很贵重的礼物了。"

张琪："那您今天想买一块什么样的表呢？"

客户："过几天是我妈妈的六十大寿，我想选一个特别的生日礼物送给她……"

通过客户的讲述，张琪心里马上得出几个结论：第一，客户购买商品是为了满足情感层面的缺失——感谢母亲这些年为自己的付出，希望能通过礼物向母亲表达自己的孝心。因此，一件能够满足客户的情感表达需要的商品才有可能受到客户的青睐。第二，客户并不追求时尚，而是看重商品本身的价值。第三，按照客户的需求，商品应该能表现他对父母的孝心，还能满足老年人的使用和审美，价格也应定位在中高档。

听完客户的讲述后，张琪立即对客户的故事做出回应："您母亲六十大寿了，真是可喜可贺。我们有专门针对老年人开发的系列产品。上次也有位客户在此购买这款表作为祝寿大礼，深得老人的欢心。请您到这边来看一下。"

在整个销售过程中，客户讲得越多，销售成功的可能性越高。那么，销售员应该怎样倾听客户的讲述呢？

1. 真诚地倾听客户

既不是假装有兴趣，也不是在敷衍客户，而是发自内心的真诚地倾听客户。如果销售员面带微笑听客户说话时，心里却在想别的事情，然后被客户的一个问题难住了，那认真倾听就显得过于虚假了。

2. 总结并复述客户的话语

当只有一方滔滔不绝时，另一方很容易漏失信息，对销售员来说尤其如此。因此，销售员可以在对方说话时适当总结并重复对方话语中的重点，与客户一起用最有效的方式把更多的信息利用起来。

3. 停下你的笔录

销售员不是在采访，没必要记录客户的每句话。更重要的是，当销售员拿着笔不停地写写写的时候，客户会感觉到销售员在忙别的事情，不重视他，让他失去继续说下去的兴趣。

4. 有耐心不要厌烦

当客户滔滔不绝的时候，很多销售员难免会感觉到厌烦："这人真无聊，他什么时候才会停止说话？"当销售员这么想的时候，即使脸上带着微笑，还是有可能被客户察觉到隐藏的不满。

5. 不要随意打断客户

销售员不要随意打断客户的话，更不要尝试转换话题或纠正他。有时候客户说的话可能非常离谱，让人忍不住打断，但这样一来，客户就会认为销售员对他的话题不感兴趣或持反对意见，从而产生隔阂。

6. 听懂表达的情绪

实际上，沟通中只有20%是内容表达，另外80%则是情绪的表达。因此，销售员一定要学会"倾听"对方的情绪。

7. 排空先入为主的观念

如果销售员事先就觉得自己知道客户在说什么，那么就会有先入为主的观念，认为自己真的知道客户的需求，从而失去认真倾听的态度。当销售员听完客户的讲述后，还应征询他的意见，以印证所听到的信息的准确性，避免产生误会和冲突。

对客户表达适时恰当的赞美

世界上最美丽的语言就是对一个人的赞美，恰如其分的赞美不仅可以打破人与人之间的隔阂，拉近双方的距离，更能让对方打开内心世界的大门，真心地接纳我们。虽然很多人对充斥于社会各个角落的阿谀奉承和浮华的赞美有所不满，但如果我们的赞美是发自内心的，那还是会带给对方极大的满足。

既然一句赞美就可以收到如此巨大的效果，那我们又何必吝啬自己的赞美呢？将赞美这种既廉价又有效的沟通手段运用到销售中，满足客户寻求肯定和自尊的要求，是销售员必须掌握的技巧。

不过，赞美虽然说起来简单，做起来却很不容易，重则"易过"，轻则"不及"。而且不同的客户需要用不同的形式、不同的话语、从不同的角度来赞美，赞美能否奏效与这些手段密切相关。销售员应该把握赞美的尺度，根据客户的具体情况做到有的放矢。

1. 找到合适的赞美点

无缘无故的赞美不仅不会令人心生暖意，还可能让人警惕万分。因此，销售员不能凭空捏造出一个赞美客户的理由，而应该仔细观察、用心思考，找到一个可以赞美客户的点，这样的赞美才会更容易被客户接受。一个理由充分的赞美，哪怕是一个美丽的谎言，客户也会感受到善意，从而心甘情愿地接受。

2. 一定要赞美真正的优点

如果销售员赞美的是客户的优点，那他一定会十分开心；可如果赞美的是客户的错误或者缺点，不仅不会取悦客户，还会让客户认为销售员是在故意讽刺他。因此，销售员一定要保证赞美的正好是客户的优点，只有这样才能让客户感受到你是真心赞美他。销售员可以从多个方面寻找客户的优点：事业、外貌、言行、举止、衣着、家庭、爱好等。

3. 赞美一定要真诚

恰如其分的赞美令人欢喜，而阿谀奉承则会让人心生厌烦。客户对赞美是有很强的判断能力的，只有当销售员对客户的赞美是建立在事实的基础上时，客户才能问心无愧地接受。如果赞美过于虚假，客户会对销售员的意图产生怀疑，从而影响其对销售员的印象。

4. 适时的赞美效果才好

溢美之词虽好，却也不是什么时候都可以说的，而要把握好时机。在恰当的时间说出来的赞美可以更上一层楼，如果时机不当，再好的赞美也会变成讽刺，激怒对方。同时，销售员还可以在赞美词中适当增添一些幽默色彩，这样就可以让客户在笑声中接受你的称赞。

一位看起来对玉有所了解的顾客走进了店里，店员沈雪马上迎上去。

沈雪："您好，看来您非常喜欢玉，我们的老顾客很多都是玩玉的。"

顾客头也没抬地说："不太懂，我就随便看看。"

沈雪："是吗？看您的气质像是懂玉的，至少喜欢玉。"

顾客："懂谈不上，也就是个爱好。"

沈雪："是的，看来我没说错，现在越来越多的人喜欢玉了，毕竟玉在中国有几千年的历史了，书上说玉代表权力和地位。有一句话叫'君子无德不佩玉'，真是这样吗？我觉得玩玉容易上瘾，很多老顾客都不止买一件，连我们都受影响，买不起贵的就买件便宜的戴戴。听说还可以养人保平安呢，据说好玉佩贵人，平民配真玉，我们只求真，而你们都适合好玉。"

听完沈雪一大串的赞美之词，顾客的脸上显现出掩饰不住的笑意，还幽默地说："你是想让我多花钱吧！"

沈雪笑着摇摇头说："不是的，我也是听其他顾客讲的，主要看您的气质很好，像个贵人，您是喜欢水头好的，还是偏向有颜色的？"

最后，这位顾客在沈雪的推荐下选了一件价值不菲的翡翠。

在平淡的聊天和赞美中逐渐拉近自己与顾客的距离，最后才能完成订单。像玉石这种奢侈品的销售不必急于求成，而要肯下功夫、有耐心，不断赞美客户，让其享受到被人尊重和肯定的待遇，当时机成熟时再开始了解顾客的需求，这样的销售一定会成功。

喋喋不休的话语只会赶跑客户

销售员滔滔不绝，试图以此说服客户购买产品，却常常适得其反；长篇大论，希望能打动对方，却总是事与愿违。其实，那些经常按照职业习惯行事的销售员，一开口就一发不可收拾，迫切希望自己说得尽量详细，却经常因喋喋不休激怒客户，他们最应该学会的就是适当的时候说话。

很多人认为销售员应该能言善道，但根据通用电气公司副总经理所言："在最近的代理商会议中，大家投票选出导致销售员交易失败的原因，结果有 3/4 的人认为，最大的原因在于销售员的喋喋不休，这是一个值得注意的结果。"

在销售中，"度"的把握至关重要，过于疏远令人感到冷淡，过于热情则让人心生厌烦。也就是说，在销售过程中，如果销售员不冷不热，客户就会有不受重视的感觉，但过分殷勤的销售服务又容易吓跑客户。如何把握这个度，就是考验销售员的地方了。

在销售过程中我们可以发现一种特殊现象：对客户的需求而言，有时"无需求"本身也是一种需求。这种"无需求"并不是没有需求，而是客户需要满足一种自我选择的需求。因此，能否满足客户的"无需求"，并提供无干扰性的销售服务，是决定销售工作成败的重要方面。试想，如果销售员在不合适的时间对心情烦躁的客户喋喋不休，对方不把其轰出去就不错了，怎么还能购买所销售的产品呢？

这天上午，梁鹏来到某公司拜访客户："上午好，先生，我是××公司的销售代表，我们公司刚开发出一套非常有效的档案管理系统，这套系统对于提高公司的管理效率和质量，量化员工各方面的指标有很大好处。如果您有兴趣，我想向您详细介绍有关情况。"

但是，客户直接拒绝了梁鹏的推销："我很忙，没有时间。"

梁鹏不愿放弃："我知道您很忙，因为通过电话介绍无法完整表现出该系统的优点，今天我刚好经过贵公司，就把这些资料亲自送到贵公司，我只需要占用您十分钟的时间来向您做一个详细的介绍。我想这或许才是最节省您时间的方式。"

客户依然拒绝："对不起，我现在很忙，你先把资料放在这里吧，我会再和你联系的。"

梁鹏继续说："我给您做一个介绍，只要……"

这时，客户突然站起来，气愤地说："你说得还不够多吗？一会儿我有个部门会议要开，有个年度计划要做，抽空还要去见我的上司，他正有一肚子的指责准备送给我，而我手下的人呢？人心涣散，互相推脱责任。好了，你还站在这儿干吗？赶紧走！"

梁鹏被客户激动的言辞吓呆了，赶紧连说几句"对不起"，拿起自己的东西匆匆忙忙走了，甚至连道别的话都忘了和客户说。

当客户本来心情不佳、厌烦至极时，销售员却依然自顾自地介绍产品，这当然只能招来客户的反感。当他被客户轰出去时，不仅这次拜访泡汤了，以后的希望恐怕也被葬送了。

在多数情况下，客户需要的是实实在在的信息，而不是销售员无休止的废话。销售员的介绍越简洁有力，越能吸引客户，越能抓住客户的心理。滔滔不绝的语言轰炸、没完没了的寒暄和客套，只会让客户产生反感，就算客户本来有意与销售员合作，经过一番喋喋不休的"狂轰滥炸"后，他也一定会"悬崖勒马"的。

沉默是销售中的"金子"，它会在沟通中起到意想不到的效果。作为一名销售员，多说几句本无可厚非，毕竟销售员需要让客户了解产品和服务，但总是跟在客户的身边没完没了地推荐，哪个客户会乐意一直听下去呢？

总而言之，每个人都有独立思考和自由选择的权利，大家也十分珍惜这种权利，而销售员要做到的就是满足客户的这种权利，别让自己的热情吓跑客户。

亲和力是圈住客户的柔性磁场

人类既是一种感情动物，也是一种群居动物，这就意味着我们难免要与人相处，而人际交往则需要人们具备一种能力——亲和力。亲和力指的是人与人之间迅速建立起来的思想交流、情感沟通的方式。具备亲和力，我们就会更容易使别人产生好感，给他们留下温和可亲、诚实可信的印象。

亲和力是一种由内而外的能量，我们越喜欢自己，就越对自己有信心，同时也会对旁人满怀爱意。我们越对自己满意，便越会对周围的一切充满欣喜：天空那么蓝、空气那么甜、阳光那么温暖、大家都像天使一样，所有的神情、举止、言行都满含爱意……

热心真诚、乐于助人、关心他人、诚实可靠、谦逊谨慎、幽默睿智……这一切都可能成为销售员独具魅力的人格特质。而这些亲和力的特质不仅为销售员的人际交往提供助力，更为他们的销售事业插上飞翔的翅膀。

通常情况下，客户都愿意与自己喜欢或信赖的人交易，这样既能获得情感上的满足，也能感到放心。其实，现实中的许多商业行为都是建立在感情基础上的，尤其是在产品价格或质量相差不大时，亲和力更是成为决定因素。那些伟大的销售员们都具备非凡的亲和力，他们能在最短的时间内，拉近与客户的距离，取得客户的信任。

推销大师乔·吉拉德每个月至少向13000名客户寄去一张问候卡，同时，每次卡片内容总是变化的，这让客户产生一种被重视的感觉。有一点不变的是，每张卡片的正面都印有"我喜欢你"这四个字。乔·吉拉德坚信："每个人都喜欢自己被人看重，被人接受，被人喜欢，没有人希望自己是个讨厌鬼。"

　　某一天，一家房地产公司在某五星级酒店召开一个300多人参加的会议，董梦雨负责接待。刚开始双方谈得很顺利，董梦雨在价格上也给了很大优惠，双方签订了合同。

　　可是当客人要入住时，双方却爆发了矛盾。客户不肯付第二笔款，而且大发脾气，甚至出现了严重的语言冲突。董梦雨没有直接采取对抗措施升级冲突，而是先去了解客户生气的原因。原来，当天该城市下了一场大雪，客户担心会议"缩水"，所以出现了这一幕。

　　了解情况后，董梦雨告诉自己千万不能乱了阵脚，她组织工作人员一如既往地热情地为客人服务，从接待到餐饮，让每一位入住客人宾至如归，三天后，会议圆满结束，与会客人非常满意。

　　这时，当初大发脾气的客户主动结账，还向董梦雨道歉。

　　事后，董梦雨回忆说："这种情况很容易发生，只要服务不到位，就会有一些客户找各种理由不付款。但只要我们诚心对待客户，客户也会诚心回报我们的。所以我做销售20多年，从来没有出现过客人欠款的现象。"

　　利益是互惠的，交往也是互惠的，只有你善待客户，客户才会善待你。销售员要以包容心和谅解的态度加强与客户的沟通，才能获得客户的信任和理解。因此，销售员要适当谅解和善待客户的缺点和不足，做到得饶人处且饶人，通过交谈和解释等方式向客户表达自己的好感，拉近双方距离，获得客户的信任。

取得客户的信任就打开了成交的大门

很多销售员在拜访陌生客户时，总觉得彼此之间存在着一堵无形的墙，即使自己"费尽心机"地没话找话，也只能得到客户的敷衍应付，双方始终无法深谈，更不要说消除客户的戒备了。

在日常的商业活动中，大多数人对陌生人的反应是：冷淡、怀疑、轻视、敌意。只有销售员赢得客户信任后，进行下一步的沟通，才能发现客户需求，并最终完成销售目标。据统计，70%的消费者决定购买是因为信任销售员，20%是相信售后保障，10%是认为商品合适。销售活动中建立信任比任何方面都重要，信任可以帮销售员将5%的成交率提高到6%、8%，甚至10%。

当陌生客户面对销售员的推销时，难免会产生一些防备心理，而销售员要做的就是设法消除客户的防备心理。

根据马斯洛需求层次理论，人们要求保障自身的安全需要，是仅次于生理需要的人类必须满足的基本需求。在销售活动中，陌生的销售员、陌生的产品，这一切都会给客户带来危机感。因为一般熟悉的事物和环境才会给人们的心理带来安全感，而陌生往往意味着风险和担忧，客户产生害怕上当受骗的心理也是难免的。此时，如何满足客户的安全感就成为亟待解决的问题。

其实，如果销售员能抓住客户寻求安全感的心理，努力在客户心中建立信任，通过各种方式消除客户的担忧，就能取得事半功倍的效果。但是如果销售员急于求成，招致客户的怀疑和反感，就会使之前的努力功亏一篑。

某银行和留学机构合作，联合举办了一场出国留学宣讲咨询会。

当天活动现场到访的客户比较多，产品经理上台介绍了关于出国留学金融产品的知识，并告知现场办理有优惠。

这时，客户经理宋倩注意到一位客户在业务柜台前来回走动，看起来对出国留学产品很有兴趣，于是她便主动上前递送折页并且询问："您好，这是我行关于出国留学的折页，您可以看一下，有不明白的地方我可以现场解答。"

听完宋倩的介绍后，客户迟疑了一下说："我有个朋友的孩子想去国外留学，我帮他过来看看。"

宋倩一边给客户递送相关资料一边说："您真是一个热心的人，为了朋友孩子出国留学的事情也费心帮忙咨询，做您的朋友一定很幸福！我们银行有专门针对出国留学的配套服务，可以帮助您朋友轻松办理，您朋友的孩子有没有定好要去哪个国家？针对不同的国家我们有不同的配套服务呢！"

就这样，客户与宋倩聊了起来。在与宋倩的交谈中，客户越来越开心，逐渐打开了自己的心扉，他说："其实是我自己准备把孩子送到加拿大留学，学校也选好了，正在做准备工作。"

看到客户已经放下防备，敞开心扉，宋倩更耐心地向客户介绍本行专门针对出国留学的产品。客户对产品非常感兴趣，当场办理了出国留学的相关基金。

当客户对销售员心存戒备时，销售员不要急匆匆地推销产品，这样会加重客户的防备心理。销售员应该先打破客户戒备的外壳，博取客户的信任。当客户对销售员敞开心扉的时候，交易自然手到擒来。那么，销售员应该如何取得客户的信任呢？

1. 塑造稳重的形象

销售员在与客户会谈时一定要注重自己的衣着打扮，树立良好的外在形象。个人形象是赢得客户信任感的最直接有效的手段，它能够带来意想不到的效果。

2. 表现专业的素质

除了外在形象外，内在的专业能力更是一个重要方面。销售员要丰富自己的专业知识，加强自身的业务能力，加深对产品的了解，这样才能更好地为客户解决问题。当销售员表现出自己的专业素质后，才有可能获取客户的信任，客户才可能从其手中购买产品。

3. 说明产品的问题

有些销售员担心过多介绍产品的细节会打消客户的购买热情，所以总是躲躲闪闪，希望客户没有注意到产品中的问题。其实，这种行为无异于饮鸩止渴。假如产品确实存在风险，销售员一定要跟客户说明这些风险，切实保证客户的利益，这样会使客户感觉销售员是在为他的利益考虑，自然会对销售员产生信赖感。

4. 帮助下级经销商

销售员要学会帮助下级经销商做市场规划，帮他们寻找市场、打开销路。这样虽然会花费大量的时间和精力，但能保证下级经销商和终端客户的利益，从长远来看，这也是在保证自身的利益。

5. 提供可靠地保证

强有力的保证书是客户的定心丸，它能帮销售员与客户轻松签单。销售员可以在力所能及的范围内为客户提供一份可靠的承诺书或者保证书，以此转移客户的风险，使他们不必担心日后可能面临的危机。

·第二章·

实在人走得更远，做得更成功

诚实，即忠诚老实，就是忠于事物的本来面貌，不隐瞒自己的真实思想，不掩饰自己的真实感情，不说谎，不作假，不为不可告人的目的而欺瞒别人。诚实守信是为人之本，从业之要。首先，做人是否诚实守信，是一个人品德修养状况和人格高尚的表现。其次，做人是否诚实守信，是能否赢得别人尊重和友善的重要前提条件之一。

诚信是成交的唯一策略

诚信是诚实、守信的浓缩，是做人的基本准则，对销售来讲，诚信是销售人员要恪守的重要职业道德，在销售工作中发挥着非常重要的影响力。可以说，没有诚信，就没有长久的交易，从这个角度上讲，向顾客销售产品，就是在向顾客推销你的诚信。

据美国纽约销售联谊会统计：70%的人之所以从某一个固定处购买产品，是因为他们喜欢、信任和尊敬某个销售员。因此，要想使交易成功，诚信不但是最好的策略，而且是唯一的策略。

"赫克金法则"源于美国营销专家赫克金的一句名言："要当一名好的销售人员，首先要做一个好人。"这也是强调了营销中要讲究诚信。

美国有关一项销售人员的调查表明，优秀销售人员的业绩是普通销售人员业绩的300倍的真正原因与长相无关，与年龄大小无关，也和性格内向外向无关，而与诚信有关。简单说，要想使顾客接受你，想让自己的销售业绩好，就要做一个诚实守信的人。

销售做得好的人必定是讲究诚信的人，在销售活动中，他们实事求是，言必信、行必果，以信用为先，以品行为本，从而获得顾客信赖，并放心地与他做交易。

日本山一证券公司的创始人小池出身贫寒，20岁时他在一家机械公司谋到一份推销员的工作。曾经有一段时间，他推销机器非常顺利，不到半个月的时间就与33位顾客达成了协议。但是合同签订之后，他发现公司出售的机器比其他公司生产的同样性能的机器价格贵了很多。他想，与他订货的顾客如果知道了，一定会对他的信用产生怀疑。于是，深感不安的他立即带上订货单、合同书以及定金，整整用了三天的时间逐个拜访顾客，然后非常诚恳地向顾客说明他推销的机器比其他公司的贵，可以解除合约。

这种诚实的做法使所有的顾客都深受感动，结果33位顾客中没有一人毁约，相反，他们加深了对小池的信赖和敬佩。消息不胫而走，从那以后，人们都知道小池非常诚实，纷纷向他订购机器。

诚实不但使小池财源广进，而且还让他与顾客建立起牢固的互信关系，促进他的推销工作顺畅长久地进行下去。

在当今竞争日趋激烈的市场条件下，信誉已成为竞争制胜的极其重要的条件和手段。唯有讲究诚信，赢得顾客的信赖，才能让自己的销售之路走得稳、走得远。谁损害或葬送了自己的信誉，谁就要被顾客所抛弃，被市场所淘汰。

林肯曾经说过：一个人可能在所有的时间欺骗某些人，也可能在某些时间欺骗所有的人，但不可能在所有的时间欺骗所有的人。这个道理同样适用于销售行业，适用于销售人员。在一个信息传播日益迅速的市场环境下，销售人员不讲究诚信的行为是很容易被看破的，即便偶尔获得了成功，这种成功也是相当短暂的。要想赢得顾客的信赖，让自己的销售之路走得远，诚信才是永久的、唯一切实可行的办法。

美国销售专家齐格拉对不讲究诚信的销售人员将会遭遇到什么进行了深入分析：

一个能说会道却心术不正的人，能够说得许多顾客以高价购买劣质甚至无用的产品，但由此产生的却是三个方面的损失：一是顾客损失了钱，也多少丧失了对销售人员的信任感；销售人员不但损失了自重精神，还可能因这笔一时的收益而失去了成功的推销生涯；而对整个行业来说，损失的是声望和公众的信赖。

那么，在销售活动中，销售人员如何表现自己的诚信呢？可参考下面所列出的几方面：

1. 虚假宣传不可取

有些推销员把自己推销的产品夸赞得好的没边，歪曲了事实。显然，这种做法是不可取的，有百害而无一利。

2. 前后话语不能自相矛盾

这一点很重要，也许你讲话过快，以至于中心意思不够突出，或者你表达能力较差，无法有序表达自己的观点，致使你前后所说的话相互矛盾，让顾客糊涂，这样就会影响你的信誉。顾客不相信你的介绍，自然就不会买你的产品。

解决的办法是耐心等待，直到自己的声带与大脑完全合拍，这样再开口介绍则基本不会出现任何问题了。

3. 宽容客户的不适当的指责

对顾客的不适当批评和指责要解释，但态度不能生硬、过激。要摆事实，讲道理，说真话，但要避免使对方感到困窘。

4. 拒绝为别人做托

作为销售人员，会经常遇到别人要求你为他说谎，或为他们掩饰实情。但是请你记住，对此要坚决予以拒绝，因为这会毁掉你长期积累起来的信誉。一个诚信的销售员是不会要求别人替自己说谎的，而你同样应该如此。

"君子以信为大宝也。"没有诚信，就没有长久的生意，因此，要想使自己的销售之路走得长远、走得稳健，就不能丢弃诚信这块为人处世的法宝。

绝对的诚实是一种愚蠢

不可否认，讲究诚信是为人做事的一条重要准则，但是任何事情都不宜绝对化，什么事都有其两面性，讲究诚信也是如此，不能说讲究诚信，就要反对一切形式的谎言，这样事情就绝对化了。而绝对化的事情通常是既不符合科学发展观，又不为现实所接受。所以既不可谎话连篇，亦不适宜绝对诚实，这里面有个机智灵活的问题。

看这样一个故事：

一个流浪者满脸沧桑地出现在一座修道院里，他告诉修道院院长自己是一个爱讲真话的人，可是他的诚实却招来了人们的反感，他成了到处不受欢迎的人，无处栖身，到处流浪。

修道院长是个"热爱真理，并且尊重那些说实话的人"的人，于是，他不顾众人的反对，将流浪者留在修道院里安顿下来。

修道院里有几头不好用的牲口，修道院长打算将它们卖掉，可是他怕修道院里的人欺骗他，把卖牲口的钱中饱私囊。这时，他想到了流浪者。于是，他就叫这个诚实的人把两头驴和一头骡子牵到集市上卖掉。

诚实人听话地将两头毛驴和一头骡子牵到集市。有一些买主围了上来。诚实的人告诉围观的人："尾巴断了的这头驴原来有尾巴，但是由于很懒，有一次，长工们想把它从泥里拽起来，一用劲，将它尾巴拽断了。那头秃驴性子倔，不想走的时候，无论怎么抽它都不走。那头骡子呢，牙口不大好，而且腿上还有伤。"最后他还得意地问大家："如果干得了活，修道院还会把它们卖掉吗？"

结果买主们听了这些话，都摇头离开了。这些话在集市上很快传开了，因此一直到晚上，也没有人过来问询。于是，诚实人又把它们牵回了修道院。

听诚实人讲述完集市上发生的事，好修养的修道院长也禁不住十分生气："朋友，那些把你赶走的人是对的，你这样的人没有人欢迎！我虽然喜欢实话，可是，我却不喜欢那些跟我的腰包作对的实话！所以，你还是赶紧走吧，爱上哪儿就上哪儿去吧！"

可见过于诚实、绝对诚实换来的往往是无端的伤害。当然这不是鼓励人们去说假话，这里面有原则要讲，要具体情况具体分析，不能搞一刀切。

销售大师乔·吉拉德说："诚实是销售的最佳策略，而且是唯一的策略，但是绝对的诚实却是愚蠢的。"这句话看似矛盾，实际上并不矛盾，正如上面所说，这里面有原则要讲。那么，在销售中，该如何界定诚实与谎言的使用原则呢？

关系到顾客的切身利益的事必须诚实

什么是原则的事？举例来说，你销售的抽油烟机没有免洗功能，就不能跟顾客讲这款抽油烟机有免洗功能，因为这关系到顾客的切身利益。直接关系到顾客切身利益的就属于原则之事，也就不能说谎，而一定要说实话。

取悦客户的事适度说谎

原则之外的事，比如，为了取悦顾客，可以对顾客说些与事实不相符的谎言，比如：夸奖普通顾客阅历丰富、眼光独到；说顾客淘气的孩子真聪明、真可爱；说穿着一般的顾客打扮时尚、国际化。通常，如果奉承得体、适度，被夸奖的顾客会沾沾自喜，充满成就感，从而愿意与你交流、打交道。

善意的谎言不仅不会伤害到对方，而且还往往会赢得对方的欢心，促进彼此的关系向前发展。只要不盲目吹嘘，不偏离产品的基本使用价值，掌握好分寸，适度说谎，就可以帮助你提高业绩，让你的忠实顾客越来越多。

借助平和谦逊的语气表露真诚

人和人之间肯于交流、愿意交流，往往依靠的就是一份真诚。一个人如果没有真诚，谁愿意真心和他交往呢？因此，与人交往，一定要表现出自己的真诚，销售人员在和顾客交往时更应该注意这一点，要用真诚去打动对方，用真心卖出你的产品。而要想让顾客感受到你的真诚，一个不容忽视的方面就是你说话时的语气。从说话语气中流露出的真诚能够获得顾客的认同和好感，从而让对方愿意和你进一步接触。

可以从以下两个方面开始学习和修炼。

如果是面对面地和顾客交流，那么可以利用面部表情和眼神来辅助语气发挥作用。

首先，交流时要面带微笑，微笑有特殊的作用，可以在极短的时间内打通陌生人之间的情感通道，是人际交往的润滑剂。在销售活动中，很多时候，销售人员面对的是陌生的顾客，如果在与之交流时，销售人员表情僵硬，甚至冰冷漠视，缺乏亲切的微笑，那么无论你的语气有多真诚，语言有多动听，对方也会因为你僵硬、冷漠的表情而与你心存隔阂，感受不到你的真诚。所以在与顾客交流时，销售人员脸上一定要带着真诚、温和的微笑。

其次，要借助眼神的辅助作用。在与顾客交流时，销售人员要学会用眼神表达自己的诚意，这也是辅助语气表现自己真诚的一种方式。作为销售人员，你很可能会遇到这样的情况，你非常真诚地去和顾客交流，但是对方的脸上还是流露出不信任的神情。此时，你该怎么办呢？一方面你要注意一下自己说话的语气，另一方面就是要注意自己的眼神。面对顾客时，要尽可能地让顾客看到你的眼睛，把真诚通过你的眼神传达给顾客。

如果不是与顾客面对面地交流，而是通过电话与顾客交流，这种情况下，没有了表情和眼神的辅助作用，语气的表现就尤其重要了。那么在语气上应该注意什么呢？

1. 语气要保持柔和

在电话销售中，给顾客传达信息的唯一方式就是你的语言，此时语气的好坏对销售的成功起着决定性作用。因为对方看不到你的表情、眼神以及其他肢体语言，只能从你的语言尤其是语气中了解你、认识你。如果你的语气很生硬。对方很可能觉得你没有亲和力，不够真诚，从而不愿意与你打交道。

就顾客而言，他们常常会不自觉地抬高姿态，他们喜欢销售员以低姿态和他们交流，如果销售员的语气过于生硬，他们的这种心理就得不到满足，因此他们也可能会认为销售员并不是诚心想要和他们做交易而拒绝进一步交谈。因此，销售员在通过电话与对方交流时，切忌语气生硬，而应保持柔和，这样的语气会显得真诚一些，顾客听了也会觉得舒服。

2. 语气避免过于夸张

一般来说，语气夸张的人通常会给人一种不可信任的感觉，在销售时更是如此。可能在平时说话时你习惯用夸张的方式来吸引别人的注意，但是在和顾客电话沟通的时候，一定切记不要使用这种方式。因为你的顾客并不了解你或者根本不认识你，如果交谈时你说话的语气太过夸张很可能给他们留下不好的印象，他们会因此怀疑你的诚意。

3. 语气要表露出赞赏

赞美的语言最能赢得人心，相信没有谁会拒绝一个真心夸赞他的人，而且你的夸赞会让顾客觉得你很用心地了解他们，可能会让他们有一种自我满足感，从而感受到你的真诚，并愿意跟你合作。

　　总之，无论是与顾客面对面地交流，还是通过电话进行交流，都要努力使自己的语气平和、谦逊，表露出真诚，再以面部表情和眼神配合，最终使顾客感受到真诚，为销售成功打下良好的基础。

小客户更需要诚信

销售人员应该清楚，顾客对自己的信任和好感是合作的基础，尤其是对待小客户，销售人员更应该注意自己的态度。用坦诚去感动对方，成交的主动权也就转移到你这里来了。

岛村以5角钱一条将麻绳大量买进来后，又照原价卖给东京一带的小纸袋工厂。完全无利润反而赔本的生意做了一年之后，"岛村的绳索确实便宜"的名声传扬四方，订单源源而来。

于是，岛村又按部就班地采取了第二步行动，他拿着收据前去与订货客户说："到现在为止我是一分钱也没有赚你们的，但如若长此下去，我只有破产这一条路了。"他的坦诚感动了用户，用户心甘情愿地把订货价提高到了五角五分。

与此同时，他又对供货商说："你卖给我五角钱一条的麻绳，我是照原价卖出去的，照此下去，这种无利而赔本的生意，我是不能再做下去了。"厂商看到他给客户开的收据和发票，于是很痛快地答应以后每条绳索以四角五分的价格供应。这样，一条绳索就赚了一角钱，这样一来，他的利润就很可观了。

坦诚使他开始吃了亏，但最终却感动了顾客，也感动了供货商。这实际上是一种非常高明的技巧，只有那些胆识谋略过人者才敢这么做。

实际上，小客户更敏感于销售人员的态度，他们喜欢说实话的推销员，讨厌那些夸夸其谈，说话满嘴跑火车的家伙。事实上缺乏坦诚常常使推销员处于不利地位。例如，一位顾客在试穿一件上衣，问销售人员："它看上去怎么样？""不错，挺好的。"推销员说。然后，这位顾客再试一件西裤，而它的风格和原来试穿的上衣完全不同，但他仍用一种试探的口气问推销员："这件怎么样？它适合我吗？"而销售人员脑子都不过一下就迎合他说："不错，很漂亮。"

这位顾客立即意识到推销员在用一种不坦诚的态度对待他，因为自己明显地感觉到不合适。推销员根本就没有说实话，他唯一目的就是把东西卖出去。愚笨的销售员会马上被顾客识破，自然而然地，顾客也就不会轻易地信任他并在他那里购买东西。

坦诚，朴素和大方对销售员具有非常重要的影响力。要想让人相信你，把自己的需求告诉你，买你的东西，不是利用滔滔不绝的话语作诱导，除却产品因素外，更多的原因在于销售人员的个人魅力和品格。

一天，鲍罗尔去推销保险。见到保户后，发现客户家里并不是太富裕，经济负担还挺重。于是鲍罗尔深表同情地说了自己身边的一个故事。他说：

"看到你，我就想起我的一位姐姐，她也曾经困难过，她创办了一个互助会，是以邻居亲友为主组成的，她是会首，每个月会员交上来给我姐姐保存的互助费大约有一万美元。自从姐夫病重后，姐姐因互助会和家庭的事不堪重负，一些会员担心她一手创办的互助会会垮掉。但她再三解释：'无论如何不会让大家吃亏的。难道你们都不相信我的为人吗？我不曾非法拿过大家一分一毫。'

虽然姐姐这样说，邻居亲友的疑虑还是无法消除。一位姐夫好朋友的太太，一大早就来说：'我们家最近买房子，贷款本息负担很重，能不能商量一下，把会费还给我们。'我姐姐当时真正感到世态的炎凉，说不出话来。那位朋友的太太仍不死心地缠着，她说，她是不得已才这样要求的。

'太太，我丈夫和你丈夫是多年的知心朋友，你这样苦苦相逼，

叫我很心痛。'我姐姐说。'能不能提取呀？如果不行，你就把我缴过的会费还给我好吗？利息就算了。'

当时场面尴尬起来，姐姐本想把丈夫有张人寿保单的事说出来，但是心想，那样说好像期盼他早点去世，于心不忍。

当时，姐姐已盘算过，即使她的丈夫去世，以自己的收入加上保单赔偿，互助会是不会有问题的……"

鲍罗尔给他的顾客讲了这么一个痛苦的故事，自己当时眼睛也含着泪花。而那位顾客更是同情地说："你真是一个老实的人，把你自己姐姐痛苦的事情讲给我听。"说着那位顾客起身给鲍罗尔煮了一杯咖啡，并谈起自己的经历，她说："我自己现在也是很困难，儿子正在读中学，女儿也已经上大学，还有四个老人需要我们夫妇赡养。实际上，刚开始我和丈夫都十分讨厌保险推销员，因为，我们总觉得是一种不祥的征兆，所以一直就没有买保险的准备。"

鲍罗尔说："您说的我都能理解，就像我姐夫的人寿保险还是我介绍的，当时，我刚干保险推销，寻找客户比较困难，所以我决计从身边的人干起，没想到姐姐她们还真同意了，我想当时她们是为了鼓励我的工作才做出买保险的决定的。"

鲍罗尔的坦诚让客户感到一种由衷的信任，客户说："鲍罗尔先生，那是因为您值得她们信任，她们才购买保险的。"于是那位女士开始向鲍罗尔咨询相关保险的一些事情。而鲍罗尔更是坦诚地和对方讲述了哪几种保险更适合她们。这一次鲍罗尔一下子成交了6项保险，这可是一笔不小的数目。

鲍罗尔是一个真正坦诚的人，他用自己的方式——坦荡、真诚赢得了小客户的好感和信赖，所以，推销过程也就比较顺利。

·第三章·

与客户建立良好的情感关系

　　忠诚的客户才愿意更多地购买企业的产品和服务，随着忠诚客户年龄的增长、经济收入的提高，客户的购买力也将进一步增强。并且，通过忠诚客户的影响，带动他们的亲朋好友也来购买。所以，用心维护好客户关系，用心温暖你的客户吧。

先交朋友，后做生意

在生意场上近年流行一句口头禅：先做朋友，后做生意。在心理学上，这被称之为"友谊因素"，即顾客不会从你这里购买产品，除非他深信你是他的真朋友，你在真诚地为他着想。因此，与尽可能多的顾客建立良好的情感关系，是销售人员成功实现销售的必要选择。

顾客愿意从自己喜欢的人那里购买东西，这一点是其他因素达不到的。

推销大王坎多尔福曾说过："推销工作98%是情感工作，2%是对产品的了解。"让顾客喜欢上自己，与顾客建立良好的情感联系，是作为一名优秀的销售员的必由之路。

有一位推销员经常去拜访一位老太太，打算以养老为由说服老太太购买股票或者债券。为此，他有空就找老太太聊天，陪老太太散步。过了一段时间后老太太就离不开他了，还常常请他喝茶，或者和他谈些投资方面的事。

不幸的是，不久老太太就死了，这位推销员虽然没能在她身上做成生意，不过也是一场交情，所以他仍然坚持前往参加老太太的丧礼。

当他抵达会场时发现：作为竞争对手的另一家证券公司竟然送来两只花圈，他感到很奇怪："这究竟是怎么回事呢？"

一个月后，那位老太太的女儿到这位先生服务的公司拜访他。原来她就是另一家证券公司某分支机构的一位经理的夫人。

她告诉这位先生："我在整理母亲的遗物时，发现了好几张您的名片，上面写着一些十分暖心的话，我母亲都一直很小心地保存着。而且，我母亲去世前也谈起过你，说与你聊天是她最后生命时光里的一大快事，因此今天我特地前来向你致谢，感谢你曾在她在世时陪伴她度过这么快乐的一段时光。"

夫人深深地鞠了一个躬，眼角还噙着泪水，又说："为了答谢你的恩情，我瞒着丈夫向你购买了贵公司的债券……"然后拿出30万元现金，请求当场签约。

对于这种突如其来的好事，这位先生非常惊讶，一时之间，无言以对。

是什么原因促成了这项大单？是关系。

所以，在与顾客打交道的过程中，你应该做的很重要的事情就是拉一条情感联系的纽带，与顾客交上朋友。

作为一位职业销售人员，你的工作就是向顾客表明：你很关心他们，并愿意为他们的最大利益着想，进而把他们争取到你这一边来。

林风所住的社区内有几家小超市，他在每家都买过商品，一天他去一家离他家不是特别近的超市买毛巾，超市老板娘顺口问了句："怎么不是你爱人来买呀？"

林风也顺口回答说："她生病了，已经几天没上班了。"

当天晚上，有人按门铃，一开门，竟是那家超市的老板带着一篮水果来探病了。

这让林风很不好意思，于是这家超市成了他们夫妻俩以后买货的基地。

其实，销售人员在与顾客打交道的过程中，与他们建立情感关系，让他们成为自己朋友的方式有很多种。比如关心顾客的职业发展、生活，甚至是其家人，还可以帮助顾客解决问题，赠送小礼品等。

　　不管用什么方式，真诚地对待顾客是根本。我们用真心换得了顾客的真心，让他们成为我们的朋友，日积月累，我们的朋友遍布天下，我们的销售也就越来越顺利了。

销售是从说话开始的，也是从关心他人开始的

奥格·曼狄诺在《世界上最伟大的销售员》一书中说过这么一段话："我要爱所有的人。仇恨将从我的血管中流走。我没有时间去恨，只有时间去爱。现在，我迈出了成为一个优秀的人的第一步。有了爱，我将成为伟大的销售员，即使才疏学浅，也能以爱心获得成功；相反的，如果没有爱，即使博学多识，也终将失败。"

在这里，奥格·曼狄诺要告诉我们的是，销售成功并不完全取决于技巧，有时，只要你拥有一颗爱人之心就可以了。毫无疑问，任何商业活动都是以追逐利益为目的，但是人毕竟是讲感情的，而不是冷冰冰的机器，所以在销售过程中，每个销售人员都必须意识到这一点，从内心深处去尊重每一位顾客，而不是面对顾客时只是盘算着如何从他们的口袋里"掏"出钱来。

一名好的销售人员应该学会关心他人，也应该让别人快乐。如果销售员能让顾客或潜在顾客感觉到，你是真心敬重他们、喜欢他们、关爱他们，那么你的销售将会无往而不胜。

乔·吉拉德是世界上最伟大的销售员，他在 15 年里卖出 13000 辆汽车，最多 1 年竟卖了 1425 辆。他成功的重要因素之一，应该归功于他用关怀温暖了每一个顾客。

有一次，乔·吉拉德正在为一群顾客介绍漂亮的雪佛兰汽车，这时一位中年妇女走进他的展销室，站在人群后面静静地听讲。乔·吉拉德并没有忽略这位中年妇女，讲解告一段落后，他立刻走过来和这位女士打招呼："欢迎光临，夫人！希望刚才没有怠慢您。"

中年妇女说她只是想在这儿看看车打发一会儿时间，所以不必

为她浪费时间。乔·吉拉德并没有因此而转身离开，而是耐心地陪她看车。闲谈中，她告诉乔·吉拉德她想买一辆白色的福特车，但对面福特车行的销售人员让她过一小时后再去，所以她就先来这儿看看。她还说这是她送给自己的生日礼物："今天是我55岁生日。"

"生日快乐！夫人。"乔·吉拉德说道，他请这位夫人继续随便看看，自己抽空出去交代了一下，然后回来对她说："夫人，您喜欢白色车，既然您现在有时间，我给您介绍一下我们的双门轿车——也是白色的。"

他们正谈着，女秘书走了进来，将一束白色的玫瑰花递给乔·吉拉德。乔·吉拉德把花送给那位妇女："祝您长寿，尊敬的夫人。"

很显然那位夫人没想到自己会受到如此礼遇，感动的眼眶都湿了。"已经很久没有人给我送礼物了。"她说，"刚才那位福特销售人员一定看我开了部旧车，以为我买不起新车，我刚要看车他却说要去收一笔款，于是我就上这儿来等他。其实我只是想要一辆白色车而已，现在想想，不买福特也可以。"

最后她在乔·吉拉德这儿买走了一辆雪佛兰，并开了张全额支票，其实从头到尾乔·吉拉德的言语中都没有劝她放弃福特而买雪佛兰的词句，只是因为她在这里感受到了重视和关心，于是放弃了原来的打算，转而选择了乔·吉拉德的产品。

销售是从说话开始的，也是从关心他人开始的，你只有多说关心顾客的话，才能让顾客对你产生亲近感。而这种关心不需要你花多少钱去给顾客买礼物，也不需要你采用什么特别的手段，只需要你练就良好的销售口才就能造就，你何乐而不为呢？被人关心是每个人的基本情感需求，没有人不愿意被人关心。因此，关心顾客不仅更容易让顾客对你产生亲近感，也更容易获得订单。

在销售过程中，销售人员需要站在顾客的立场上，想顾客所想，急顾客所急，真诚地关心顾客。但对顾客的关心大多都是需要用话语来体现的，只有话说到位，才能获得顾客的支持，更快地达到成交的目的。

布莱恩·崔西说：要想与顾客建立信任关系，成为一个受欢迎的人，就需要在说话的过程中表现出对顾客的真诚的关心，甚至对顾客家人的关心。你只有将对顾客的关心说到顾客心坎里，他们才会亲近你。

销售人员怎样才能利用关心顾客的话语来赢得订单呢？让我们来看看下面这个案例：

戴伟是一家保险公司的业务员，有一次，他迎来了两位60岁左右的顾客。

他们是一对夫妻，想买一种适合自己的保险，于是他们一边仔细地看宣传单上的优惠条件，一边互相研究和商量。戴伟看到这种情况，热情地迎上去，并且向他们认真地介绍了各种保险的条件、原则、优惠政策等。

但是，尽管戴伟将各种保险的优惠条件讲得非常诱人，两位老人还是拿不定主意购买哪种保险。他们只说想过几天再来看看，便离开了。当时外面正好下着雨，戴伟迅速拿了把雨伞递到两位老人面前。

两位老人刚开始不愿意接受，他们推辞道："我们还没有决定是否在你们这儿购买保险，恐怕到时候不好归还。"可是戴伟却说："借给您雨伞属于我的个人行为，与你们是否购买保险没有关系。再说您这么大岁数了，淋了雨很可能会感冒的，我们有义务帮助像你们这样需要帮助的人。"

最终，两位老人接受了戴伟的帮助，同时也决定从他这里购买保险，因为他们从戴伟真诚的话语里感受到了关心和爱。

　　可见，销售人员付出真诚，让顾客感受到你的关心，就能赢得顾客。所以，任何一位不愿意失去成交机会的销售人员都要拥有一颗爱人之心，努力营造良好的沟通氛围，这样才会在销售中战无不胜。

　　爱是这个世界所有人都无法拒绝的。销售人员在事业的拓展中，对待顾客要有爱心，也许顾客会拒绝你的产品，但不会拒绝你的爱心和关心。人们常说："爱心有多大，事业就可以做多大。"所以说，销售人员必须是充满爱心的人，你要爱你的产品、爱你的顾客，这样你才能得到顾客的回报。对顾客和周围事情冷漠、无动于衷的人，是做不好销售这行的。

　　人人都需要关心，真的是没有关心就没有关系，如果你还没有开始关心顾客，那么就从现在开始吧，它会让你和顾客之间的关系更加和谐、更加紧密。

找到交际切入点至关重要

在与他人打交道的过程中，找准切入点是至关重要的。切入点找得好，找得准，交流起来就顺畅；切入点找得不好，找得不准，沟通起来就不会圆满。对销售人员来说，如果不能在与顾客接洽之初找到合适的切入点，那么后面的推销工作往往会遭遇到很大麻烦。

台湾巨富陈永泰说过："聪明人都是透过别人的力量，去达到自己的目标。"销售人员和顾客交易关系的建立都是在交往过程中实现的。一个成功的销售人员需要在实践中不断磨炼自己，尽量在推销最开始就很好地找到和顾客接触的适当的切入点，将自己成功推销出去。

一般来说，每个人都希望被认可，得到满足感。销售人员可抓住人的这种心理，把满足顾客的心理需要作为与顾客交际的切入点。把自己展现在顾客眼前。比如，发现对方的兴趣爱好及特长，表达应有的重视，并建立共同的话题，就容易从陌生到熟悉，建立起信任关系。

傅强是艺术品公司的业务员，对书法颇有研究，早就想与一位喜欢书法的顾客交流一下经验，切磋毛笔书法艺术，一直没有良机。最近，他所在的公司正向这位顾客所在的公司推销一批瓷器，于是有机会和这位顾客深入接触一下，没想到这成了他打开推销局面的关键。

经巧妙安排，傅强和这位顾客在一个市办书画展上意外邂逅。心中有数的傅强默默跟在这个顾客身后，等对方来到一参展作品面前时，他自言自语地说道："这幅作品好，不管是布局，还是字的结构、笔法都显得活而不乱，留白也很恰当。"

这位顾客听到一个年轻人对书法评价得那么专业，再一看还是认识的人，于是自然接过了话题："就是书写的变化凝滞了一些，放得不够开啊。"

就这样，两个人你一言我一语，自然而然地进入到对作品的品评中。人才惜人才，两人谈得十分投机。最后，傅强成功打开了和这位顾客的交际局面，在后期的产品推销中变得驾轻就熟，顺利实现了预期目标。

人人都希望得到赏识，这种心理如果能得到满足，就必定能引起其感激之情和报偿的诉求。销售人员如果能够与顾客建立起这种心理默契，自然会在推销工作中势如破竹，建立起广泛的合作关系。

不容忽视的一点是，销售人员在交际中要注意给顾客留下良好的第一印象。从某种意义上说，它直接影响着顾客是否愿意接受你的推荐。如果你不能得到顾客的喜爱，不能将自己成功推销给顾客，那么就很难要求顾客喜欢你推销的产品。为此，你要努力将自己推销给顾客，让顾客对自己有好的印象，不要让顾客厌烦自己。

有的销售人员之所以没能成功地把产品推销出去，一个重要原因是过分强调产品，而忽视了顾客的深层次需求。要知道，人与人的和谐交往也是一种深层次的需求。如果没有满足这种深层次的需求，就很难打开销售局面。

有些顾客走进店里，不愿意把自己的需求立刻告诉陌生的销售人员。但是有些销售人员出于工作需要，往往这样说："您好，你想看看什么产品？"这时候，顾客大多并不想被打扰，很可能会说："我只是随便看看。"

遇到这种情况，有的销售人员还是锲而不舍，把顾客目光所及的每件产品都介绍一二，结果引起了顾客的反感。实际上，不妨给顾客一定的私人空间："没关系，您可以慢慢看，需要什么帮忙的，随时叫我。"照顾到顾客的心理感受，在其有需要的时候再主动提供帮助，那么双方进一步交流就容易多了。

还有的销售人员在与顾客交谈时忘记了自己的职责所在，把重点转向与产品无关的话题，结果让对方产生厌烦心理。这也是一种失败的交际过程。须知，销售人员在和顾客交谈的时候，话题始终不能离开产品，并随时想着顾客心里在想什么，及时为顾客提供准确的答案，包括产品的品质、性能、款式、价格以及售后信息等各种情况，从而让对方心理受用。

总之，找准双方谈话的切入点不仅是销售的良好开端，还是销售人员打开推销局面的关键。把握顾客的心理需求，满足顾客的需要，找准顾客的疑虑，顺藤摸瓜，就能找到交际的最佳切入点，和顾客建立了良好的人际关系，最终实现业绩上的突破。

唤起顾客的感激情结，帮助顾客释放消费欲

多数顾客希望用最少的钱买到自己用得上的令自己满意的东西，否则他们是不愿意掏钱的。

对于这种情况，在不超越销售底线的情况下，销售人员可以酌情处理顾客的具体要求，比如价格上的问题，或者是售后服务方面的问题。但这也是在时机成熟的情况下，即销售人员知道顾客所提出的购买条件不同于销售开始的异议，是另有所指的。

如果顾客提出的条件超越了销售底线，那么不妨重申产品价值，让顾客知道购买此产品绝对是物有所值，或者是从其他方面弥补顾客所提出的不能答应的购买条件，让顾客获得想要的满足。

辛月是一家文具店的销售员，每次遇到家长带孩子来买文具的时候，辛月都能把大人和小孩招待得心满意足。文具店最经常遇到的情况是大人和孩子的意见不合，孩子看上的东西，大人觉得不划算，小孩子就要哭闹。在这个时候，辛月总是能够妥善处理。

"妈妈，我要买这个。"一个跟妈妈一起来的小姑娘举着一块米奇老鼠的橡皮。

"你不是已经有橡皮了吗?"

"可是，米妮一个人太寂寞了，我要买一块米奇给她做伴。"小姑娘的理由让妈妈哭笑不得。

"好吧，好吧。"妈妈答应了小姑娘的请求。

小姑娘高兴坏了，在店里穿来穿去。

"你好，请给我10个算术本。"小姑娘的妈妈对辛月说。

辛月拿出本子，这时小姑娘又兴奋地冲到妈妈的身边："妈妈，

妈妈，快来看。"

"又怎么了？我们不能再买东西了，你什么都有。"

"快看！"可是小姑娘还是把妈妈拉到一个玩具型小火车铅笔刀面前。

"妈妈，我想要这个。"

"不要，放在书包里太重了。"

"那我放在家里好吗?"小姑娘又哭又闹就是要玩具型的小火车铅笔刀。

"哪，这样，你要米奇老鼠橡皮呢，就不能要这个，要这个就不能要米奇老鼠橡皮。"

"不行，我就是两个都要嘛。"小姑娘要起脾气来，妈妈的脸色很难看。

"那就两个都不买了！"妈妈生气地说。

这时，小姑娘干脆躺在地上不起来。

"好了好了，小姑娘，不哭了好嘛？阿姨把这个橡皮擦送给你，乖乖听妈妈的话好吗?"小姑娘被辛月抱起来，擦干眼泪。

"这，怎么好意思呢?"

"没事，小姑娘喜欢嘛，不过小女生可不兴在外面满地打滚，羞羞。"辛月刮刮小姑娘的鼻子，小姑娘说笑就笑了。

"就是，辛月阿姨给你橡皮，妈妈给你买小火车铅笔刀，下次不许这样了，知道吗?"小姑娘的妈妈也弯下腰来抱小姑娘。

"妈妈最好了。"小姑娘扑进妈妈的怀抱，"我下次再也不这样了。"

顾客的购买心理是比较复杂的，有时是买也行，不买也行，但往往会由于某种情结选择买。这个案例中，母亲的预算有限，销售员遇到这种情况，在不影响产品利润的前提下，赠送了对方一块橡皮，但这一举动让顾客觉得自己不买点东西对不住对方，于是就在犹豫中掏钱了。

任何一样产品被生产出来，自有它的用处和需求。只有想不到，没有用不到。顾客很容易为一样产品的优点所吸引，尽管也会有一些原因让顾客无法做出购买决定，但是顾客的消费欲望始终是存在的，作为销售人员，要多方位采取措施，唤起顾客某种情结，比如可以利用小优惠来唤起顾客的感激情结，帮助顾客释放消费欲，然后水到渠成促成购买行为。

·第四章·

借用心理学效应激发顾客的购买欲

　　有位销售高手说："如果你在和准顾客见面那刻起，就没能掌握好，那么你的销售对象就占了上风，而届时你再想从他手中夺回主导权，那可就难了。"不错！一旦局面被准顾客所控制住，你就得仰攻苦战了。在销售说明阶段，你愈快掌握住对方，情势就愈对你有利，你一定要运用以上的技巧取得主导权，以不会屈居于劣势，望着对方高高在上而陷入苦战之中。

好奇心理：越是新奇的，越想体验

人们总对新奇的东西感到兴奋、有趣，都想"一睹为快"。更重要的是，人们不想被排除在外，这大概可以解释为什么人们对于新产品信息和即将发生的公告信息总是那么"贪得无厌"。所以，销售人员可以利用这一点来吸引顾客的好奇心。

从心理学来说：好奇心是个体遇到新奇事物或处在新的外界条件下所产生的注意、操作、提问的心理倾向。它作为一种优势心理过程，驱动个体主动接近当前刺激物，积极思考与探究。好奇心是认知与情感相互作用的产物。好奇心是人类的天性，是人类行为动机中最有力的一种。

利用顾客的好奇心，必须根据具体情况来设计具体的语言，激起顾客好奇心的方法应该合情合理，奇妙而不荒诞。业务员应该向顾客展示各种新闻、奇遇、奇才、奇货等合乎客观规律的新奇事物来唤起顾客的好奇心，以达到接近顾客的目的，而不应该凭空捏造违背客观事实的奇谈怪论来诱惑顾客，更不可装神弄鬼，进行迷信宣传。另外还要注意，无论利用什么语言，都应该与推销活动有关。如果顾客发现业务员的接近与推销活动完全无关，很可能立即转移注意力并失去兴趣。

人们对你卖的东西产生好奇，也就意味着你已拥有了一半的成交机会。销售人员如果能巧妙地利用人们的好奇心，往往很容易达到促销的目的。

美国杜鲁茨城一家贮藏水果的冷冻厂发生了一场火灾，经过人们努力扑救，虽然火势没再继续蔓延，但仍然损失惨重。冷冻厂的老板自然感到万分痛心，这时他看到有十几箱香蕉已被大火烤得变成了土黄色，表面还出现不少小黑点，但尝过之后发现，这些香蕉一点都没变质，相反，由于火烤的原因，这些香蕉还别具一番风味。为了尽量减轻损失，老板把这些香蕉交给一个叫鲍洛奇的销售员，让他降价处理。

当时，普通香蕉每磅的售价是4美分，老板让鲍洛奇以每磅2美分，降价一半出售。老板还交代，香蕉只要能够卖出去，不至于浪费掉就行了，即使价格再低一点也可以卖。不少顾客走到他的摊前，见到这些丑陋不堪的香蕉，只好摇着头转到别的摊位前去了。第一天，鲍洛奇只卖出了8磅。

第二天一大早，鲍洛奇又开始叫开了："各位先生，各位女士，大家早上好！我刚批过来一些进口的阿根廷香蕉，风味独特，只此一家，数量有限，快来买呀！"很快，鲍洛奇的摊前就围了一大群人。众人目不转睛地盯着这些黄中带黑的"阿根廷香蕉"，有些犹豫，不知道要不要买。

看到这么多人围到自己的摊位前，鲍洛奇兴奋极了，立刻鼓动三寸之舌："阿根廷香蕉，阿根廷香蕉！最新进口的，我们公司好不容易批到的。这种香蕉产在阿根廷靠海的地区，阳光充足，水分多，风味独特！"

在人们将信将疑之际，鲍洛奇不失时机地问一位穿着得体的小姐："小姐，请问您以前尝过这种'阿根廷香蕉'吗？"这位小姐在摊位前张望很久，鲍洛奇早已注意到她了。她的眼睛好奇地盯着这些香蕉很久了，那样子很像打算买，只是还没有最后拿定主意。鲍洛奇决定从她身上打开突破口。

"哦，我可没有，从来没有尝过。这些香蕉蛮有意思的，只是有点黑。"小姐说。

"这正是它们的独特之处，否则的话，它们也就不叫阿根廷香蕉了。您见过鹌鹑蛋吗？鹌鹑蛋也是带有黑点，但是鹌鹑蛋却特别好吃，不是吗？"鲍洛奇唾沫飞溅地说，"请您尝尝，您从来没有尝过风味如此独特的香蕉，我敢打赌！"接着马上剥了一只香蕉递到小姐的手里，小姐接过吃了一口。

"味道怎么样，是不是非常独特？"鲍洛奇不失时机地问。

"嗯，味道确实与众不同。我买8磅。"小姐说。

"这样美味的阿根廷香蕉只卖10美分一磅，已经是最便宜的啦。我们公司好不容易弄到这么一点货，大家不尝尝？错过机会您想买就买不到了。"鲍洛奇大声吆喝起来。

既然那位小姐已经带头买了，而且说味道独特，再加上鲍洛奇的鼓动，大家不再犹豫，纷纷掏出钱来，想尝尝"进口的阿根廷香蕉"到底是什么样的独特味道。于是你来5磅，他来3磅，十几箱被大火烤过的香蕉竟然以高出市价一倍的价钱很快卖得精光。

可见，经商中设置悬念吊起顾客的胃口，是一种行之有效的游说方法。在你满足了对方好奇心的同时，对方也就会自觉地接受了你的意见。

吊顾客的胃口时，销售人员还必须根据具体的情况注意以下两方面：

一方面是，销售人员无论以何种办法引起顾客的好奇心理，必须做到出奇制胜。由于每个顾客的文化水平、经历背景不同，爱好兴趣也不尽相同，某人看来新奇的事物，另一人看来并无新意。销售人员绝不可弄巧成拙，增加接近的难度。

另一方面，销售人员无论以何种方式吊起顾客胃口，都必须与推销活动有关。如果顾客发现销售人员所玩的把戏与推销活动完全无关，可能会立即转移注意力，并失去兴趣。

从众心理：越是热卖的，越是抢购

"从众心理"是指个体在社会群体的无形压力下，不知不觉或不由自主地与多数人保持一致的社会心理现象。社会心理学研究认为，群体对个体的影响主要是由于"感染"的结果。个体在受到群体精神感染式的暗示时，就会产生与他人行为相类似的模仿行为。与此同时，各个个体之间又会相互刺激、相互作用，形成循环反应，从而使个体行为与大多数人的行为趋向一致。

在销售过程中，销售人员经常会遇到这样一些顾客，他们在做出购买决策之前，往往左思右想、举棋不定。尤其是对产品不是很了解，或缺乏相关的购买经验以及面临较大购买风险时，尽管销售人员一再向对方保证产品的质量及它能够带来的利益，顾客仍然很难痛快地做出决断。

这样的顾客明显缺乏自主性和判断力，在复杂的消费活动中犹豫不定、无所适从。因此，如何尽快打消顾客顾虑、让顾客早点做出购买决定便成为销售人员首先要解决的难题，否则花费再多心血也将无济于事。在这种情形下，利用消费者"从众心理"，通过第三方引导顾客做出购买决断，往往成为行之有效的方法，从众便成为顾客最为便捷、安全的选择。

某工程公司的吴经理最近打算购置一台小型挖掘机。他从朋友那里了解到，国产的三一和奥泰两个品牌的机器都不错，并且已经找过三一的销售人员商谈了，经过详细的介绍和对比，吴经理对两个品牌都比较满意，始终拿不定主意。

奥泰公司的销售员小陆听说之后，立即登门拜访吴经理，相见之后，小陆问道："吴经理，我是奥泰公司的小陆，听说您最近承接了一处新工地，生意这么好，真是恭喜您了！"

吴经理："哪里！哪里，我正头疼着呢，接了这个工地之后，原先的机子不够用了，我想再购买一台挖掘机，就是不知道该买哪一种好。"

小陆听他这样说，庆幸自己来得正是时候，吴经理果然还没确定下来，于是他把一些产品资料拿给了吴经理，详细介绍了产品，并提出："后天公司会有一个展会，能提供免费试机，希望您来体验一下。"吴经理愉快地答应了小陆的邀请。

回到公司后，小陆立刻安排几位已经下单的顾客后天到展会现场直接提货。

展会当天，吴经理如约过来试机，"恰好"看到了那么多人在现场争相购买的火爆场面，小陆趁热打铁，鼓动他说："吴经理，您也亲眼看到了，我们公司的产品现在非常受欢迎，而且现在是展销会期间，如果购买，还会有不少优惠，如果错过这个时机，可能就要等到下一次了。"

吴经理听他这样一说，马上沉不住气了，立即决定买一台，当天便交了订金。

吴经理的需求非常明显，也有购买力，但是他缺乏决策的魄力，在两个品牌之间徘徊不定。在整个销售过程中，吴经理一共出现过两次"从众"的情况：第一次是听从朋友的推荐；还有一次，就是在展场看到很多人购买，马上也拍板购买。小陆就是利用顾客的从众心理，为自己在品牌竞争中增添了砝码，使成功的天平倾向自己，赢得了此单。

"从众"是一种比较普遍的社会心理和行为现象。大家都这么认为，我也就这么认为；大家都这么做，我也就跟着这么做。从众心理在消费过程中，也是十分常见的。因为好多人都喜欢凑热闹，当看到别人成群结队、争先恐后地抢购某商品的时候，也会毫不犹豫地加入到抢购大军中去。

多川博是日本著名的企业家，闻名世界的"尿布大王"，之所以被人们这样称呼，是因为他成功地经营婴儿专用的尿布，带领公司创下了年销售额高达70亿日元，并以20%速度递增的辉煌成绩。

创业之初，多川博果断决定专业化生产尿布，然而想不到的，尿布生产出来了，但是在试卖之初，基本上无人问津，生意十分冷清，几乎到了无法继续经营的地步。

多川博万分焦急，经过苦思冥想，他终于想出了一个好办法。他让自己的员工假扮成顾客，排成长队来购买自己的尿布，一时间，公司店面门庭若市，几排长长的队伍引起了行人的好奇："这里在卖什么？""什么商品这么畅销，吸引这么多人？"

多川博又让销售人员趁机加大产品宣传力度，直接鼓动顾客："夫人，您看这家公司的产品那么受欢迎，想必质量一定不错，孩子的健康才是最重要的，您没兴趣去购买几条来试用一下吗？"

如此一来，也就营造了一种尿布旺销的热闹氛围，于是吸引了很多"从众型"的买主。随着产品不断销售，人们逐步认可了这种尿布，买尿布的人越来越多。后来，多川博公司生产的尿布还出口他国，在世界各地都畅销开来。

多川博就是利用顾客的从众心理打开了市场，成为世界闻名的"尿布大王"。当然，他成功的前提是尿布的质量好，在被顾客购买后得到了认可。因此销售最终还是要以质量赢得顾客的，而利用。

一般说来，群体成员的行为，通常具有跟从群体的倾向。表现在购物消费方面，就是随波逐流的"从众心理"，当有一些人说某商品好的时候，就会有很多人"跟风"前去购买，即使不怎么好，也会在心理上有所安慰，毕竟大家都在买，肯定差不了，即使上当也不是自己一个人。

消费者的"从众心理"给销售人员推销自己的商品带来了便利。销售人员可以吸引顾客的围观，制造热闹的行情，以引来更多顾客的参与，从而制造更多的销售机会。例如，销售人员经常会对顾客说，"很多人都买了这一款产品，反响很不错""小区很多像您这样年纪的大妈都在使用我们的产品"，这样的言辞就巧妙地运用了顾客的从众心理，使顾客心理上得到一种依靠和安全保障。

稀缺效应：越是稀少，越想得到

唐代诗人白居易《小岁日喜谈氏外孙女孩满月》诗中有"物以稀为贵，情因老更慈"。这是物以稀为贵最早的出处。意思是事物因稀少而觉得珍贵。鲁迅先生曾在《藤野先生》一文中说过这样一段经典的话："大概是物以稀为贵罢。北京的白菜运往浙江，便用红头绳系住菜根，倒挂在水果店头，尊为'胶菜'，福建野生的芦荟，一到北京就请进温室，且美其名曰'龙舌兰'。"这反映了一个亘古不变的道理，即物以稀为贵。

通常来说，当一样东西开始变得越来越稀少时，它就会变得更有价值。这就是我们平常所说的"物以稀为贵"的现象。甚至一些原本不完美的、一文不值的东西，也会因为稀少或者独一无二，而变成重金难求的珍品。例如，印刷模糊的邮票、打磨失败的美玉、两次冲压的硬币、有残缺的瓷器等。因为稀少，因为有瑕疵反而比那些没有瑕疵的物品更有价值，更受到人们的青睐。这说明，短缺因素对物品的价值会起到很大的影响作用。而利用这一原理，我们则能够达到给人施加压力，使之顺从的目的。在生活中，人们常常会使用"数量有限"的策略，当销售人员告诉顾客某种商品供应比较紧张，不能保证一直有货的时候，就会促使顾客及早地采取行动。

从心理学的角度看，短缺因素对商品的价值会起到很大的影响。人们总是害怕失去或得不到，对稀罕物品有着本能的占有欲，反应在消费购物方面，越是稀少的东西，人们就越想买到它。在现实生活中，销售人员可以使用"数量有限"的策略，当销售人员告诉顾客某种商品供应比较紧张，不能保证一直有货的情况下，就会促使顾客及早地采取购买行动。

"二战"期间，一个美国画商看中了一个印度老太太的 3 幅画，印度老太太说要 250 美元，画商嫌贵。印度老太太于是当着画商的面用火柴烧掉其中一幅。画商见这么好的画，又是他想要收藏的，甚感心痛，便问老太太剩下的两幅画卖多少钱？老太太还是说"250 美元"。画商又拒绝。

老太太又烧掉了其中一幅画。

这时，画商急了，只好乞求道："大妈，千万别烧掉这最后的一幅了！这幅画要卖多少钱？"

"还是 250 美元。"

"难道一幅画与三幅画能卖一样的价钱吗？"

老太太见这位美国画商还想讨价还价，于是便说："要不要，现在涨价了，500 美元，不然，我就烧掉它！"

这下画商真的急了，生怕老太太将第三幅画也烧掉，便一手按着画，一边说："500 美元，我买了！"

后来有人问那印度老太太，为什么要当着画商的面烧掉两幅画？老太太说："物以稀为贵。美国人收藏名画，只要他爱上这幅画是不肯轻易就放弃的，所以我当面烧掉两幅画，留下一幅卖高价呀！"

印度老太太知道这个画商对他爱上的东西是不肯轻易放弃的，宁肯出高价也要收买珍藏，当自己的 3 幅画都被这位画商看中了，但却不肯出价，于是果断烧掉了两幅，剩下了最后一幅画，利用稀缺会造成商品升值这个道理，勾起了画家的占有欲望，一幅画卖出了两幅画的价钱。其实当时其他的画的价格大概都在 100 美元到 150 美元之间，而印度老太太的这幅画竟然卖了 500 美元，这笔交易可谓是"置之死地而后生"，这位老太太也算是真正的销售高手了。

李威是某百货公司一名非常出色的销售人员，他在向顾客推销产品时，总是能够巧妙地运用稀缺原理来促使顾客尽快做出决定。李威先后推销过十几种商品，虽然面对的顾客有所不同，但是不管推销哪种商品，都能够取得不错的业绩。他总是和顾客这样说：

"先生，这种引擎的敞篷车在本地不超过 10 辆，而且厂里面已经不再生产了，错过了这次机会，以后想买，恐怕也买不到了。"

"这种厨具就剩最后两套了，而另一套您是不会选择的，因为它的颜色不适合您，所以这套厨具非您莫属。"

"您也许应该考虑一下多买一些，最近这种商品十分畅销，工厂里已经积压了一大堆订单，我不敢保证您下次再来的时候还有货"……

李威这样的说辞无疑是十分有效的，顾客在其影响下，为了使自己不因买不到而后悔，总是会果断地做出选择。先将自己喜欢的商品占为己有，这样才能够安心。这就是李威的成功之处。数量有限的信息确实会对顾客的购买决策产生有效的影响。因此，如果销售人员能够将这种策略合理地应用到商品的销售过程中，则会有效地促进销售。

当销售人员发现顾客对某种商品感兴趣的时候，如果能对其进行巧妙的引导，在说明商品质量可靠、价格实惠的同时，不妨再加上这样一个善意的提醒："这款商品刚刚卖出一套，这恐怕是我们这里最后一套了，如果错过，就需要等到一个星期以后再来了。"

顾客听到这样的话，往往会在害怕买不到的心理作用下，迅速地做出决定，先买回家再说，不能让别人抢先。因为拥有它的机会变少了，而其对顾客的重要性也就大大提高了。

期待心理：越是美好，越想拥有

销售人员在向顾客介绍产品时，可以通过一定的语言技巧，让顾客在了解事实的基础上，充分发挥自己的想象力，让顾客沉浸在拥有这种产品之后的美好感觉之中，从而对商品产生认同感。这是一种非常高明的产品介绍方式。你可以一边说明产品的各种功能与特点，一边用语言为顾客描绘出拥有这种产品后的情景。

人的想象力是惊人的，对于同一个事物，不同的人会有不同的看法。因此，这就要求销售人员能够用自己的专业语言为顾客的想象力铺平道路，并限制或发展顾客的想象空间，这就像制造一个固定的空间、固定的路径，去引导顾客朝着自己设定的方向想象，从而顺利实现销售的目的。

理想化的状态下，顾客对于销售人员所介绍的产品最好能够自己来亲身体验一下，因为这样做可以给他们的印象更深，使他们的理解也更透彻。但是很多时候，顾客不可能对每件产品都进行亲身体验，因此，这个时候往往就需要销售人员运用高超的口才，为顾客营造出一种美好的氛围和意境，通过全方位的感受来影响顾客尽快做出购买的决定。

怎样才能达到这个目的呢？销售人员在和顾客交谈时，声音、语速、节奏等无不透露出自己的内在情感，可以由此而影响到顾客。当销售人员准备发挥自己的语言魅力，以便带动顾客情绪，说服顾客接受自己的产品的时候，首先要经过仔细的酝酿，尽可能压低声音，减慢语速，同时在整个过程当中，必须保持充分的信心，让顾客感到你在这个方面是最有权威的，这样顾客就会相信你所讲的每一句话。

例如，你要是销售跑步机的话，你可以这样说：

"先生，您每天锻炼身体吗？请您想象一下这种情形：早上起床之后，您先穿上运动鞋和休闲装，然后打开窗户，深吸一口清新的空气。经过一夜酣睡，您的体力无疑非常充沛。这时候，明媚的阳光照在您的身上，让人感觉无比的轻松与惬意。跑步机就停放在你宽敞的房间里，上面一尘不染，好像在提醒您运动的时间到了。您踏上跑步机，开始慢慢跑动起来，您的速度逐渐加快，您感觉自己身心愉悦，简直有种飞翔的感觉。时间不知不觉就过去了，当您有些轻微出汗时，它会提醒您时间到了，然后您开始洗浴、梳洗整齐，穿上刚刚熨烫过的衣服，信心百倍、神清气爽地走出家门，开始一天的工作……"

这种方法也可以用来介绍产品的功能，它适应范围极广，只要说辞稍微加以变动，都可以起到引人入胜的作用。比如，你现在卖的是空调：

"今年的夏天真是太热了，每天太阳简直像着了火一样烘烤着大地，傍晚下了班，您匆匆忙忙赶回家。当您打开房门，一股炽热立刻扑面而来，这时，整个房间像是一个巨大的蒸笼一样，又闷又热，让人一分钟也不想待下去。您身上的衣服早就汗湿了，就像是贴在身上一样，黏糊糊的，难受死了你冲过澡，还没一会儿呢，又是一身汗水。风扇已经调到了最高速，但吹出来的也都是热风，只是让人更加痛苦。但是只要您购买了空调，那情形就截然不同了，您想象一下，当您赶回家中，打开空调，不过片刻工夫，整个房间立刻变得凉飕飕的，趁这个工夫，您可以先去冲个澡，换上一身居家的短裤 T 恤，往床上一躺，那该是一种什么样的享受啊……"

相信任何人听到这样的话都绝不会无动于衷，他们眼下似乎正置身于酷热的包围之中，恨不得立刻把空调买回去装上，马上体验一下销售人员所说的那种美妙享受。

如果你是销售打印机的，你可以目光温和地直视着你的顾客，缓缓地说：

"家里有这样一台多功能打印机，会给您的生活和工作带来无穷的乐趣和便利。当顾客打电话过来说需要发传真，您再也不必去找传真机，只需轻轻按下接收传真的按键就可以了；如果您需要把一些重要的图片放在电脑里，不用去找扫描仪，只需把图片放好，按一下扫描的按键，资料就会自动输入您的电脑；如果您需要的资料很多，也不必到外面去复印，自己就可以做。另外，您还可以利用它制作自己喜欢的各种照片，照片形象逼真，会让您爱不释手。"

不管是什么产品，只要销售人员能按照它们的功能，为顾客描绘出当顾客拥有这些产品之后立刻可以享受的便利，便自然可以激发起顾客的想象力，让他们开始思考到底要不要购买这件产品。

如果单纯从上面几个案例中还没法看出这种销售技巧的效果，那么我们可以通过下面这个实例来比较一下：

一般的轮胎销售人员可能这样平淡地介绍自己的产品："这种轮胎货真价实，持久耐用！"

而一个具有想象力的销售人员可能会说出这样一段充满戏剧效果的话："您正带着孩子们以每小时80千米的速度驱车快速行驶，突然感到车下出现一连串的剧烈颠簸，迫使您将车驶到路边。原来您的车撞上了路面的一条钳口般的长裂纹……震得您浑身骨头都快散了架，震得汽车上的螺栓嘎吱乱叫！您不必担心您的轮胎，只要握紧方向盘就会万事大吉，这轮胎可以应付任何道路状况！"

上述两种介绍产品的方式，效果孰好孰坏，不难分辨，相信顾客听了你生动形象的描述，大多都会动心的。这种绘声绘色的描述其实比干巴巴的介绍要管用许多倍，因为这样可以让他们体会到拥有这个东西之后的幸福、快乐。做到了这一点，你也就成功了一半。

· 第五章 ·

充分了解产品才能驾轻就熟地推销产品

作为销售员，了解自己所销售的产品是一项必备的素质。只有充分了解产品，我们才能清晰明了、准确无误地向客户介绍说明；也只有保证客户听懂我们的介绍，成交才有可能实现。

做自己产品的内行

推销人员要把产品顺利地销售出去，首先必须了解自己的产品，这是做好销售工作的基础，也是一名销售人员最起码的专业本领。因为任何销售，只有充分掌握产品知识，它的售价、容量、规格、功能、生产厂家、符合什么认证标准，使用时要注意什么等等，才能吸引和争取到顾客，否则你的介绍就是无的放矢。

李坤就职于北京一家机械设备贸易公司，开始进入公司时他负责督导工作与操作重型机械设备。一干就是 10 年。在这 10 年里，李坤积累了大量的产品知识。

虽然李坤不是销售人员，但凡是顾客有需要的时候，他就耐心地给顾客解答一些销售人员不能回答的问题。李坤宝贵的产品知识往往能让顾客得到明确的、满意的答案，顾客当然也对李坤另眼相待。

这些顾客再来的时候甚至直接要求李坤为其服务，而李坤只要有时间，也总是细心周到地为顾客介绍。渐渐地，李坤与顾客建立了极佳的关系。不久后，许多顾客开始绕过销售人员，直接向李坤下订单。

问起李坤的销售秘诀，李坤说："销售技巧我懂得并不多，我只是把我知道的知识详细、周到地讲给顾客听，并且给他们最完善的问题解决方式。顾客自然而然地就被我吸引过来了。"

后来，李坤索性调换了部门，直接去销售部做销售员，两年过后，李坤的个人业绩已经超越了该公司其他的销售员成了销售冠军。

顾客在购买产品之前都会想要了解有关产品的更多知识。如果销售人员无法满足顾客的这一基本需求的话，顾客就无法了解产品是否适合自己，也就不会做出购买产品的决定。例子中李坤的销售技巧虽然不如其他的销售人员丰富，但是却对产品十分了解，凡是顾客能问到的问题，他总是能给出满意的回答，所以才能吸引顾客前来购买。

那么，具体来说，销售人员需要掌握哪些方面的商品信息呢？

1. 商品的名称

掌握商品名称很简单。但需要注意，很多时候可能要推销数种商品，所以不能掉以轻心。商品的名称有全称、简称、正式名及俗名等，这些都要牢牢记住。

2. 商品的特性

熟悉商品的性能，掌握商品的特征，是向顾客介绍商品的重要前提。如果你所推销的商品比市场上其他同类商品具有优势，你就更要注意掌握好它们，并将其作为推销的利器。销售人员的责任就是如何将这些优越性以最吸引人的方式展示给顾客；反之，如果它比市场上其他同类商品差，也要认识到落后在什么地方，并事先做好应付顾客质疑的准备，打有准备的"仗"。

3. 商品的操作规范

多数商品的操作都有一定的规范要求，很多使用说明书根本无法涵盖商品使用的所有注意事项。对此，销售人员切不可偷懒，以为大致了解一下就行了，而要熟练地掌握所推销的商品的使用方法，在给顾客介绍商品时，正确讲给顾客。

4. 商品的售后服务

售后服务是商品重要的竞争要素。有关售后服务，多数公司都有一定的规定，应该正确无误地向用户送达。因此，销售人员必须掌握商品售后服务的详细情况。

5. 市场上的同类商品

要想成功地推销，还要了解市场上同类商品的情况，充分发挥自己商品的竞争优势。可以查阅本公司所搜集的竞争者的有关资料，听取上司以及有经验同事的意见，同时还要尽量亲自接触竞争者的商品，并与本公司的同类商品进行比较，找出其长处和短处。

掌握充分的商品信息之后，销售人员还必须喜欢自己的商品。卖商品的过程就是说服顾客的过程，销售人员必须使顾客相信自己的商品能够给顾客带来利益。你对商品充满信心，你认为顾客购买商品是幸运的，不购买商品则是一种损失，这样才能真正打动顾客。

另外还有一个问题，那就是销售人员如何了解到上述关于商品的信息，如何才能成为了解所销产品的行家呢？通常，可通过下列所述方式。

1. 公司的培训学习

在公司组织的培训会上，销售人员对产品有任何不明白、不确定的地方，都可以提出问题直到完全理解为止。不要觉得问问题可耻，更不要满腹疑问却装出一副完全明白的样子，这样只会给自己未来的销售工作带来极大的麻烦。另外，也可以向同事请教，有时候恰恰因为这简简单单的一句话，就有可能在今后的销售中为自己赢得一个重要的订单。

2. 客户的使用体验

因为实际使用到产品的人是顾客，而且他们也会和其他公司的产品做比较，所以从某种意义上来说，销售人员最好的老师就是顾客。销售人员必须挤出时间来经常拜访顾客，而且切记在顾客面前要以谦虚的态度向他们学习产品知识。顾客有时会提出连销售人员都想象不到的绝妙点子，而这些点子不但会促成你与这位顾客本人的交易，也有助于你改进未来的产品或者与下一个顾客交易。

3. 平时的自我学习

在激烈的市场竞争下，很多产品的相关信息会发生变化，因此销售人员不能坐以待毙，一定要有自我提高的意识，平时要注意反复阅读产品说明，不断查阅参考数据，掌握产品信息的变化。如果有不了解的地方，也要随时请教领导或产品开发主管。这样不仅有助于提高自己对产品知识的掌握程度，而且会给领导留下好印象。

作为销售人员，如果你连自己要卖的产品都不熟悉，不但是对顾客失礼，而且也会失去销售产品的资格。只有掌握了丰富的产品知识，才能深入地了解顾客的购买动机，才能解决产品推广、定价、产品卖点提炼等问题。

切中顾客的需求

任何一个顾客到商场去，都是带着某种目的去的，或是了解行情，或是去购买自己所需的商品。因为目的明确，所以，他想要听到的也一定是与此相关的介绍。这就是一种销售手段。也就是说，在向顾客介绍产品时，先要了解顾客的需求，然后根据顾客的需要推销自己的产品，这样才能帮顾客找到他们需要的产品，最终才有可能成功完成交易。

如果不问顾客的需要便开始介绍，很可能会让顾客反感。相信我们自己也有过类似的经历，当我们去超市或者去商场购物时，如果一个销售员始终跟着我们，不问我们需要什么，便不停地介绍自己的产品，我们通常的表现是直接拒绝他，或者想方设法摆脱他。但是如果换成另一种情况，我们的感受就完全不同了。例如，我们想买一双鞋，服务员走过来问了我们的需求之后，便开始向我们介绍我们需要的产品，我们不仅不会拒绝，相反还会觉得这个服务员非常热情。

我们之所以接受后者，原因就在于后者介绍的产品是我们需要的，切中了我们的需求。因为没有人愿意浪费时间听销售员介绍自己根本不需要的产品。所以，作为一名销售员，我们应该理解顾客的这种心理，在介绍产品时，要切中顾客的需求，这样的销售才有可能获得成功。

销售人员会遇到这样的情况：推销的产品并不是顾客需要的。这时，应该怎么办呢？此时，不妨换个角度思考。推销的产品的某一个特点可能不是顾客需要的，那么另一个特点呢，或者其他的特点呢，总能找到一个对方需要的特点，把自己的产品推销出去。有时，我们可以直接询问顾客需要什么，再根据顾客的需要介绍自己的产品。但有时顾客并不会告诉我们他们的需求，但是我们可以从对话中捕捉到相关信息。

我们来看看下面这两个情景：

一位卡车推销员对一位前来看样品的顾客说："听说你需要一辆卡车，我们公司有你需要的卡车。"

顾客问："载重量是多少？"

推销员回答："我们只有四吨的。"

顾客说："我需要一辆两吨的。"

推销员说："大一点儿有什么不好呢？万一有货多的时候呢？"

顾客说："但是我们也要从成本考虑啊。这样吧，如果以后有需要，再联系你。"

很显然，谈话进行到这里，销售员再想扭转局势就很难了。但是如果一开始，这位推销员改用另一种问法，结局就会完全不同。

推销员："你们平均每次运货多少吨？"

顾客说："平均在两吨左右。"

推销员可以问："会不会有时多，有时少呢？"

顾客说："有的。"

这时，推销员可以告诉他："如果需要买车的话，一方面从货物本身考虑，另一方面会从行驶的路面考虑。"

顾客说："你说得对，但是……"

推销员说："假如行驶的路面有坡度，冬天行驶时，汽车受到的压力也会比平常大，是吧？"

顾客："是的。"

推销员说："据说你冬天运货的次数要多一些？"

顾客说："是这样的，冬天的生意要好一些。"

推销员说："冬天在路面上行驶，货物又多，卡车不是常常处在超负荷状态吗？那么在买车时，你的考虑能否留点余地呢？从长远角度来看，你觉得怎样一辆车才是最值得买的？"

顾客："当然要看车的使用年限了。"

推销员说："那么您比较一下，一辆常常超负荷运行的车和一辆从来不超载的车，哪一辆车使用的时间更长？"

顾客说："当然是后者了。"

推销员再说："我们的四吨卡车不正好符合您的要求吗？"

从以上两个情景中，我们不难看出如果从顾客需求角度出发介绍自己的产品，推销成功的概率会大大增加。因此，销售员在推销的过程中要善于捕捉顾客的需求。例子中的顾客实际上需要的并不是载重量2吨的卡车，而是一辆更实惠的卡车。销售员在推销时发现了这一点，并通过一系列的提问证明了自己推销的卡车正是顾客需要的车。因此，顾客非常满意地购买了他推销的载重量四吨的卡车。

由此看来，一个成功的销售员首先应该了解顾客的需求，根据顾客需求介绍自己的产品，才能对顾客有所帮助，也才能成功售出自己的产品。

展示有多美妙，产品就有多诱人

形式的作用不可小觑，商品再好，如果不能得到有效的展示，其结果也多半不妙，因此一定要做好商品展示。

简单说，商品展示就是指把顾客吸引到商品面前，通过对实物的观看、操作，使顾客充分了解商品的外观、操作方法以及具有的功能。商品展示在推销过程中犹如一棵即将结果的树，不久就能带来甘甜的果实。

一般说来，顾客走进一家店，只会在店里逗留不到 30 分钟的时间，所以顾客习惯在进入店里的那一刻就开始搜寻自己想要的商品，因此对于销售端来说，商品的展示就显得尤为重要。因为就算你店里有顾客需要的商品，但是由于展示的问题，顾客并没有发现就选择了离开，你就只能白白丧失了商机。

所以，商品的展示要遵循的原则之一，就是要容易被顾客看到。容易看到的意思就是说，商品要能使人一目了然，顾客在快速地扫视中能看到所有商品。而商品的价格也要明确放在商品旁边，避免顾客出现虽然中意产品却没有能力购买的尴尬状况。

商品展示是顾客了解与体验商品利益的最好机会，也是销售人员诉求产品利益的最好时机。在商品展示时，如果顾客愿意投入时间观看你的展示，就表示他确实有潜在需求，这正是你能够证明自己提供的商品能充分满足他的需求的关键时刻，所以一定要把握好这种机会，有逻辑、有顺序、有重点、完整地说明及证明商品的特性及利益。通过这一展示不仅要说明商品的特性，满足顾客的利益，更重要的是要激起顾客的购买欲，借以达成卖出商品的目的。

商品展示前，要做好产品检查工作，以确定商品的品质与性能合乎标准。如果到顾客处展示，必须事先确认展示的各项条件，如电源、操作空间等是否合乎规定，同时还要准备好备用品，以免展示中出现意外，影响展示效果。还要看看展示用品是否准备齐全。

展示商品，既可以应顾客要求把商品搬到顾客处展示，也可以邀请顾客到你指定的地方进行展示。还可以邀请顾客参加商品展示会。

由于商品本身的特性不同，不同的商品在展示时，强调的重点也是不一样的，要么展示的方法不同，要么说明的方式各异。销售人员应尽可能地利用下列的方法，让自己的展示更加生动、活泼，关键是要打动顾客的心，激起他的购买欲望。

第一，重点展示。销售人员需要销售的商品肯定不止一款，其中有公司重点推广的商品，也有并不急于扩大市场的商品。这在商品展示的时候就要有主有次。将公司重点进行市场推广的产品放在比较显眼的地方，其他的商品进行辅助陈列，做到重点突出，才能更好地吸引顾客。

第二，多样、系列。不同产品的特点不同，能带给顾客的体验不同，对于多种多样的产品最好能根据其相近性进行排列组合，性能相近的产品摆放在一起，这样青睐一类产品的顾客就有多种选择的余地。成交的可能性也更大。

第三，重点和多样固然重要，重复也是商品展示中不可或缺的一方面，同款商品或者不同颜色的商品摆放在一起，能形成一种陈列的气氛。比如在一层层的隔板上叠放5件同款、同色又同号的文化衫，烘托出和其他卖家不同的店面气氛。

销售人员每天要接触的是各种各样的顾客，他们的性格不同，对商品的需求也不同。只有在商品展示上下足工夫，才能在最短的时间里得到顾客的青睐。另外，顾客中意某款产品之后就会有做出购买决定的过程，所以商品要很轻易就能拿到，这样顾客才更轻易购买。所以商品的展示不能过高，这样顾客不能拿下商品亲自体验，就更谈不上买它了。

综上所述，展示商品是销售人员推销商品过程中不可缺少的关键因素，如果展示得好，展示得美妙，就可以增加商品的吸引力，从而打动顾客的第六感，让顾客跟着感觉购买产品，那就是展示的成功。

除了各种展示技巧的运用，一些细节也是需要销售人员注意的。比如展示的商品不能有污渍，不能展示残次品。服装商品有线头或者缺扣等问题都要休整后再展示。店面内不能有除商品外其他的内容，比如海报、广告等最好贴到店面门口。从细节出发，争取布置最合适的商品陈列，为顾客制造最难忘的商品印象。

优秀的柜台展示，能吸引顾客的注意力，促进交易成功。而失败的展示则会降低顾客的购买欲望。销售人员应该永远以顾客为中心，从顾客的角度审视商品的展示情况，为顾客提供最佳的购物感官体验，吸引更多的顾客光顾。

提高客户的体验

做过销售的人都知道，销售行业有一个术语叫作"体验营销"，是指公司或企业采用让目标顾客观摩、聆听、尝试等方式，使顾客亲身体验企业提供的产品或服务，让顾客近距离地实际感知产品或者服务的品质或性能，从而促使顾客对产品有更好的认知，进而喜欢商品，达到销售的目的。

事实上，销售人员经常遇到这样的顾客：不管你怎么认真介绍产品，对方只是漫不经心地听着，一心想着能亲自体验一下就好了。如果销售人员不能洞察顾客的这种心思，甚至在顾客提出试用要求后加以拒绝，那很有可能就失去一位顾客了。

其实，让顾客亲身体验商品并不是一件坏事，这不仅能让他们在购买前体验到商品的性能，还可以拉近商家和顾客的距离。须知，让顾客放心购买商品，是销售的基本原则之一。

张燕在一家品牌鞋店做销售，她知道：即使是同一款鞋，每个鞋号都会有偏差；即使是同一款鞋，同一个鞋号，不同的人穿上也会有不同的感受。所以，她每次都主动说服顾客亲自试穿一下，即使顾客之前已经购买过同一款鞋子。

有一天，她接待了一位年轻女士，这位女士在店里逛了足足有二十分钟，最后在一双春季女鞋面前停下了脚步。张燕赶紧上前："小姐，真佩服您的眼光，这是我们今年的春季新款，卖得很好。我认为您的身材和气质，穿这双鞋子的效果一定很好。但是光看不知道效果，请这边走，这边有镜子，您可以试穿看一下。"

尽管张燕介绍了许多，但是这位小姐还是自顾自地看鞋，丝毫没有要试穿的意思。张燕接着说："小姐，鞋子穿在每个人的脚上效果都是不一样的。我说得再好，如果您不穿在脚上还是看不出效果的。买不买都没关系，请这边跟我来，先试一下看看效果怎么样。"

最后，这位年轻女士跟着张燕走到镜子面前试鞋。试了一只，看着很喜欢，还主动要求张燕把另一只鞋也拿过来。顾客在镜子面前看了又看，张燕适时说："真好看，果真很配您的气质。"于是，年轻女士愉快地买下了这双鞋。

很多时候，进入鞋店的顾客并没有购买的打算，这时销售人员要热心地邀请顾客试穿一下新鞋，很有可能顾客穿上之后会很满意，于是就购买了。显然，销售人员可以用自己的热情感染顾客，从而提升销量。

和推销鞋子一样，销售任何一种商品，都要时刻关注顾客的细微反应，包括他们的表情、动作等。只有拿捏好对方的心思，再以专业自信的口吻建议顾客体验，并且用自己的肢体很坚决地引导顾客去试用，就会达成销售的目的。

有些顾客会在一开始的时候拒绝体验，这个时候销售人员一定不能放弃，应该自信地给对方提供体验的理由，并顺势再次做引导体验。整个过程要自然、流畅，让顾客有不好意思拒绝的感觉，但是千万不能强迫顾客。

毋庸置疑，体验的过程对销售很重要，因为体验是站在顾客的角度，以顾客为核心，注重顾客在体验过程中的感受。它不仅可以强化顾客对产品的认识，还能间接表明产品的质量，顺利实现推销的目标。而单纯的体验是不够的，销售人员需要在顾客的体验过程中关注其反应，还要主动询问其感受，让顾客感受到你全心全意的服务精神。

星巴克努力使自己的咖啡店成为一个舒适的社交聚会场所，成为顾客的另一个"起居室"。在这里，既可以会客，也可以独自放松身心。显然，在时尚且雅致、豪华而亲切的浓郁环境里，人们能放松心情，摆脱繁忙的工作，在稍事休息或约会中，得到精神和情感上的满足与报偿。可以说，注意为顾客提供体验式的服务，正是星巴克成功的秘诀。

由此可见，销售工作必须以顾客为中心，而对产品的亲身体验则是建立产品和顾客之间联系的桥梁。顾客不仅可以在体验和产品来一次亲密接触，还能享受到销售人员的细致服务，自然会增加他们愉悦的体验，从而吸引其购买。

·第六章·

风趣幽默更易增进感情，化解尴尬

　　幽默营销，首先要对自己所推销的商品有信心，其次要有良好的心理素质。良好的心理素质从何而来？这就要不断加强心理修养，多参加社会活动，不断实践总结，才能遇变不惊，应付自如。在这基础上产生的幽默是营销成功的金钥匙，它具有很大的感染力，能让人们在会心一笑后，对你、对商品或服务产生好感，从而诱发购买动机或合作愿望，促进交易的达成。

幽默是拉近距离的润滑剂

美国心理学家赫布·特鲁说:"幽默可以润滑人际关系,消除紧张,减轻压力,使生活更有乐趣。"幽默作为调节气氛的润滑剂,历来就备受人们喜欢,可以说没人不喜欢和幽默风趣的人打交道。因此,一名幽默的销售人员更容易得到大家的认可。

一名风湿病患者来到某处著名的温泉,询问经理:"这里的泉水是否真的对人身体有益?洗过温泉浴我会觉得好些吗?"经理说:"我给您说一个事例吧。去年冬天来了位老人,身体非常僵硬,只能坐轮椅。他在这儿住了一个半月,没有付账就自己偷偷骑着自行车溜了。"经理一番幽默的言谈说得那名患者心动不已且非常开心。服务产生好感,从而诱发客户的购买动机,促成交易的迅速达成。因此,一个具有语言魅力的人对客户的吸引力是不可想象的。

一位销售人员想和一家公司的董事长见面,他请对方的秘书把自己的名片递进去。秘书恭敬地把名片交给董事长,一如预期,董事长不耐烦地把名片丢到了一边:"又来了!"秘书很无奈地把名片退给站在门外的销售人员。销售人员并没有退缩,他再次把名片递给了秘书。

"没关系,我下次再来拜访,所以还是请董事长留下名片。"

拗不过销售人员的执着,秘书硬着头皮再次走进办公室。董事长生气了,将名片一撕两半,丢给了秘书。秘书不知所措地愣在那里。董事长更是生气,从口袋里拿出 10 元钱,说:"10 元钱买他一张名片,这总够了吧!"

没想到,当秘书向销售人员递还名片与钞票时,销售人员很开心地高声说："请你跟董事长说，10元钱可以买我两张名片，我还欠他一张。"随即又掏出一张名片交给秘书。

这时，办公室里传来一阵大笑，董事长走了出来，说："这样的销售人员，不跟他谈生意，我还跟谁谈？"

这是销售人员每天都可能会碰到的情况。销售人员如果此时能幽默一下，就能轻松化解这种尴尬。

有这样一位销售人员，在他找到客户并刚要说明身份时，对方就打断说："别跟我提保险，保险都是骗人的。"

销售人员："对不起，我还不知道您受了保险的骗。"

客户："我倒没受骗，是别人受了骗。保险公司的人真骗到我的头上，我跟他没完。"

销售人员："看来，今天我必须实事求是地跟您讲保险了，否则真怕您跟我没完。"一句话，说得客户也笑了。

幽默是沟通中的润滑剂，可以化解尴尬，缓和气氛，消除客户的戒心。销售人员若能恰如其分地运用幽默，就能更容易接近客户，增进彼此的感情。

幽默带来快乐，也带来订单

幽默是一种最富感染力、最具有普遍传达意义的交际艺术。

一位言谈不凡、充满智慧的人，也一定是一位出色的幽默大师。因为幽默是人类智慧的产物，它不仅是一种人生态度，而且是一种人生品位，它像一首美妙动听的歌。没有幽默感的人，就像没有轮胎的车轮，路上的每一块或大或小的石头都会使车子遭到颠簸，甚至陷入困境。没有幽默感的人无感于生活的多姿多彩，对人与事物无动于衷、后知后觉，甚至枯燥到无以复加的程度。

幽默的谈吐可以打开轻松、愉悦的大门，带领客户走进来，安抚他们的情绪，协助客户解决问题，真正地消除客户的不良心情，你的订单便会纷至沓来。

销售人员哈尔口才甚好，而且反应敏捷，善于随机应变，所以他的销售业绩一直稳居他所在超市的首位。

在一次周末促销会上，哈尔的任务是推销那些"折不断的"塑料晾衣架。

"看啊，这些晾衣架是多么坚韧，不管多重的衣服，挂在上面它都不会断哦。"为了证明他所说的并非假话，哈尔拿起一个晾衣架，捏着晾衣架的两端使它弯曲起来。

突然，"啪"的一声，原本完好的塑料晾衣架顿时变成了两半。尽管如此，但哈尔并不慌张，他机灵地把坏掉的晾衣架高高地举了起来，对围观的人大声说："请仔细看看吧。女士们，先生们，这就是这种塑料晾衣架内部的样子，咱们拆开看看，瞧它的质地有多好呵！"

哈尔的话一说完，围观的人都哈哈笑了。当然，并没有人责问哈尔晾衣架断了的原因，而哈尔也继续推销自己的晾衣架。

杰夫是一家外卖公司的销售人员。一日，当他为客户送完餐，准备转身离开的时候，客户突然叫住了他。

客户："请您等一下，能告诉我这是怎么回事吗？"

杰夫："先生，您怎么了？"

客户："你们是怎么做菜的，为什么里面还会出现小虫子？"

杰夫："这小家伙，真够聪明的，瞧它知道什么是最好吃的。"

杰夫的幽默一下子征服了客户，客户笑道："既然如此，那我决定下次还点这道菜，不过我不希望再看到一只在里面游泳的虫子。"

人们大多喜欢和具有幽默感的人交往，因为他们能给人带来一种心灵上的愉悦和轻松。在人们言谈拘谨时，一句幽默的话往往能让气氛顿时变得活跃起来。

销售大师皮卡尔说："交易的成功，是口才的产物。"销售人员幽默的语言往往能在推销中起到化险为夷的作用。而案例中的销售人员，就是在紧急时刻恰到好处地运用了幽默，使自己避免了尴尬。

幽默的人走到哪里就会将笑声带到哪里，如果你是一个幽默的销售人员，那在整个交易过程中，将会给客户带来很多快乐，使客户倍感轻松，从而加大促成订单的可能性。

幽默也是一种敲门砖

幽默的重要性不言而喻，幽默的首要目的就是让客户笑起来，在笑声中，他自然会对你的产品感兴趣。他开怀大笑时，人与人之间的陌生感就会随之消失，有了良好的氛围，便有了继续沟通的可能，成交的机会也会随之而来。

陈景弈是一个幽默风趣的人，他常常用自己的幽默把客户逗笑，很多成功的交易就是在轻松愉快的谈话中完成的。

有一天，陈景弈去拜访一位客户。"您好，我是 H 公司的销售人员陈景弈。"他边说边双手呈上了自己的名片。客户接过名片，很不屑地看了他一眼，对他说："昨天，也来过一个销售人员，同样的方式，同样的开场白，不过我没有等到他把话讲完，就打发他走了。同样，我对你们的产品也不感兴趣，我也不想浪费你的时间，你还是走吧！"

"真谢谢您为我着想，恰恰相反，我的时间实在是太充裕了，一点也不浪费，但我还是有个不情之请，希望您允许我占用您五分钟的时间让我向您介绍一下我们的产品，因为我觉得这件产品是非常适合您的，如果不向您介绍一下，我觉得这会是一件很遗憾的事情。我保证，如果您听完后还是不满意，我当场在地上打个滚，要不翻个跟斗也行。无论如何，请您给我一点点时间吧！"陈景弈一脸正经地说。

客户听了忍不住笑了起来，说："你真的要翻跟斗吗？"

"没错，就当着大家的面表演，就这样躺下去……"陈景弈一边回答，一边用手比画着。

"好，我非要你当众打滚儿不可。"客户乐了。

"行啊，我也害怕当众出丑啊，看来，我还必须得向您用心介绍不可了。"

说到这里，陈景弈和客户对视一眼，开怀大笑起来。

在平时，头脑中一定要多些"幽默细胞"，懂得如何恰当地使用幽默来调节气氛，有助于将与客户见面时的紧张局面转化为和谐局面。客户的戒备心理一旦打破，便会认为你是一个容易相处的人，并且觉得和你相处是一件非常愉快的事情。这样，你的这次销售肯定是胜利在望了。

然而有时，不是想幽默就能幽默，幽默是一种智慧的表现，它也要建立在知识丰富的基础之上。机会总是留给有准备的人，一个人只有具备广博的知识，开阔的视野，然后巧妙地加以应用，才能做到谈资丰富，妙趣横生。因此，培养幽默感必须有广泛的涉猎，在生活、学习、情感及工作中永远保持一份探索的精神，用敏锐的目光和创造性的思维为"幽默感"提炼最精彩的素材，充实自我，用于实践。

介绍产品的语言要幽默化

在销售活动中，通常会出现这样一种现象：当一个客户听你做产品介绍时，通常会在 10 分钟后便开始转移注意力，产品介绍时间越长，客户对产品失去兴趣的可能性就越大。因此，作为一个优秀的销售人员必须清楚这样一个事实：人们不可能一直有耐心坐下来与你交谈。如何紧紧抓住客户对产品的兴趣，是每个优秀的销售人员都必须考虑的事情，这就需要运用一些技巧，如保持幽默感。

幽默是一种特殊的情绪表现，它能降低人的心理戒备，缓和紧张的气氛，它是促进人与人之间积极交往的有力推动器。对于一个销售人员来说，幽默不是万能的，但没有幽默却是万万不能的，一两句俏皮的对话，可以缩短你与客户之间的"距离"，进而营造出一种良好的沟通氛围。

一天，李丽在帽子店里挑选帽子，"这顶灰色兔皮帽子看起来还不错，就是不知道兔皮怕不怕被雨淋？"店主回答："当然不怕！您什么时候见过兔子在下雨天打伞？"

推销员小王在一次订货会上，向全国各地的经销商介绍："我们厂的雨披，不仅材质好，还经久耐用。"刚说完，他就拿起一件雨披往身上披。可谁知这件雨披上居然有破损。只见小王微微一笑，不慌不忙地说："大家请看，像这种有破损的，我们包退包换！"

当你遇到一个意想不到的提问，一件猝不及防的事情时，用幽默的方式去巧妙地回应，结果往往也会出人意料，这就是幽默的妙处。

幽默在人际交往中能营造出一种沟通的氛围，用幽默的方式能够使交谈气氛更加轻松，更加融洽，更加利于交流。

当你滔滔不绝，照本宣科地向你的客户介绍产品时，你是否想过这种方式太过普通，毫无新意可言。没有新意，自然勾不起客户的兴趣。客户对谈话内容失去了兴趣，也就意味着对你失去了兴趣，更意味着对产品失去了兴趣，自然而然，这就是一项失败的销售活动。

如果你的脑海里拥有幽默的细胞，并且能够在特定的环境下适时地将它们释放出来，到最后你会发现，原来"它们"很有用！

幽默千万不能给客户造成伤害

纪伯伦说过："幽默感就是分寸感。"在你使用幽默口才的时候，一定要把握分寸，重点是懂得察言观色、投其所好，而不是嘲讽客户，毫无节制地要闹，拿别人的缺点、弱点肆无忌惮地开玩笑，更不能因此伤人，有失礼貌。幽默唯有运用得恰到好处，才能真正发挥功效。

王姐是销售员小刘的老客户，两人认识很长时间了，而且私下的关系也不错，偶尔开个无伤大雅的小玩笑，也都是笑笑就过去了。

王姐结婚后，身材就开始发福，原来纤瘦的身材逐渐胖了起来。

有一天，小刘去王姐的公司谈下半年的合作，几个月不见，没想到王姐一下胖那么多，小刘心直口快地说："哎呀王姐，你怎么搞的呀，现在胖成这个样子，脸胖得都看不见眼睛了，再发展下去真的不堪设想啦！"公司的其他人听了都大笑起来。

王姐的脸顿时沉了下去，没说一句话，转身离开了。回到办公室，王姐再也压不住心中的火气，破口大骂。后来，王姐便终止了和小刘公司的合作。

销售中，幽默是必要的，但是幽默过了度，就会把调节气氛的幽默蒙上一层黑色。幽默过度的人，容易引起他人反感。

程盈盈是一个销售人员，是个聪明伶俐的女孩。她脑子灵活，言辞犀利，还有丰富的幽默细胞，无论到哪儿都是颗"开心果"。但如此可爱的程盈盈，却得不到老板的青睐！

程盈盈工作非常努力。有一次，她加了一整夜的班，第二天工作起来显得有些无精打采。可领导却不分青红皂白地批评她一通，说她工作不够仔细、状态差等，任她怎么解释都不行。程盈盈委屈极了，向比较谈得来的老员工请教。对方反问她说："想想你平时有没有在言辞上有过失啊？"

这么一问，程盈盈想起来了，自己平时喜欢和客户开玩笑。有一次，她去见一个熟悉的老客户，看到客户穿着笔挺的新西装，程盈盈夸张地大叫："王老板，您今天穿新衣服了！不过款式应该是去年流行过的呢！"如今回想起来，当时客户的脸色似乎非常难看，而且最后生意也没谈成。

想到这个，一向快言快语的程盈盈再也高兴不起来了。原来这就是她虽然聪明能干，却无法受到重用的原因。

与人为善是幽默的一个原则。幽默的谈话是感情互相交流传递的过程，如果在与客户交流时，以幽默的借口出言不逊，那么除非是傻瓜才识不破。也许有些客户不如你口齿伶俐，表面上你占到上风，但客户会认为你不尊重他，从而不愿与你交往。

幽默要适度，千万不能给客户造成伤害，损害了双方的关系，那才得不偿失。

幽默的技巧

幽默不是油腔滑调，也非嘲笑或讽刺，它是一种智慧的表现，因此必须建立在丰富知识的基础上。一个人只有拥有审时度势的能力，广博的知识，才能做到谈资丰富，妙言成趣，从而做出恰当的比喻。因此，要培养幽默感必须广泛涉猎，积极充盈，不断从浩如烟海的书籍中收集幽默的浪花，从名人趣事的精华中撷取幽默的宝石。如果你拥有了大量的知识，在销售的过程中，幽默之言、智慧之语就可以信手拈来，如此还有什么样的危机不可以轻松化解呢？客户又如何不喜欢和你这样的人打交道呢？

首先，采用轻松自嘲的幽默方式。"自嘲"是一种巧妙的表达方式，在销售的过程中，如果你可以灵活地使用这一方式，不仅可以博得客户一笑，还可以拉近客户和你之间的距离，使原本尴尬的局面变得轻松、活跃起来。同时，这对别人和自己来说，也是一种"激励"或"鼓舞"的力量。如有位销售员年纪轻轻却秃顶了，客户见到后忍不住说了句"秃头"，这位销售员非但没有生气，还笑着说："正好，一会咱谈事情的时候也不用开灯了，省电费。"

其次，采用装傻充愣的幽默方式。作为一名销售人员，可能常常会碰到各种销售危机，如客户要求退货，销售人员约见客户时迟到，等等。当你碰到这种情形时，装傻充愣这种方式往往会产生出人意料的效果。

有一位销售员由于种种原因，多次延误了与客户商谈的时间。等到他再度打电话与客户另约时间时，客户已经失去了耐心，表示拒绝购买他们公司的产品。但是这名销售员仍然赶到了客户所在的公司，笑着说道："您好，听说您刚刚拒绝了一位销售员的产品，因此我马上赶过来了。"此语一出，顿时除去了客户脸上的阴霾之气，那位客户忍不住笑道："那好，我就来看看你们的产品吧。"

最后，采用逆转的幽默方式。由于一般人通常是顺向的思维方式，只有极少数人会采取逆向思维方式，因此，一旦你在销售过程中学会了这种幽默技巧，把结果转移到一个"意想不到"的焦点上，就会使人产生"有趣"以及"想笑"的感觉，从而轻松地化解各种突发情况。例如，一位被自动取款机吞卡的客户，在焦急地找到客户经理时，却被客户经理的一席话逗笑，而消除了紧张情绪。客户经理是这么说的："我说早上检查的时候怎么少了一台机器，原来是被你的卡吞了。"

幽默固然可以为你的销售活动化解大量的危机，或者达到锦上添花的效果，但也需要注意几点问题，以免弄巧成拙、不胜反败。

面对客户时，通过判断对方的年龄、身份、职业、性格以及会面场合等来恰当地选择合适的幽默语言。再则，幽默取材要尽量做到清新、高雅，避免使用攻击性和粗俗下流的言辞，而且要适度，注意观察对方反应，尽量保持双方的和谐。

·第七章·

投石问路，连环发问打开客户话匣子

在销售过程中调整好心态，掌握好方法，就能与每位陌生客户愉快的交流。而向客户发起有效的提问，则是打开客户话匣子的关键，提高成交率！实际上，向客户提问方式就好比投石问路，这其中的环节就在于如何把握提问的方式。不同的提问方式获得的效果也是大相径庭的。

好听的声音让沟通顺利进行

西方沟通学家把声音称为"沟通中最强有力的乐器"。面对客户，声音的作用在销售中尤为重要，尤其是只能通过声音传递信息的销售人员。销售人员大都知道这样一个公式：销售成功 = 55% 的声音 + 45% 的内容。声音的重要性源于什么呢？

在心理学上有一种晕轮效应，主要意思是对一个人的认知和判断往往从局部出发，然后通过扩散得出整体印象。在销售中可以这样讲，如果你的声音动听，他们会因此喜欢上你的产品。对一个不熟悉的陌生人来讲，这种效应尤为明显。

小丽是某保险公司的销售人员，因其声音甜美，客户都喜欢与其打交道，特别是一些男客户。每次小丽和其他销售人员一起去拜访客户时，即使没有购买意愿的客户，也都要与她交谈一会儿，很多客户最后也都购买了保险。因此，小丽的销售业绩在公司一直名列前茅。

销售人员向客户提问时，不仅要知道提问什么，还要知道如何提问。你的脑海中可能有很有价值的问题，或是最为切中客户要害的问题，但是，如果你含含混混地说出这些问题的话，它们的效力就会大打折扣；而如果你像击鼓一样震耳欲聋地提出这些问题，你也将无法得到客户的回应。

推销也是如此，销售人员在面对客户时，不但要有得体的穿着和正确的礼仪，还要有好听的声音。好听的声音能让客户感觉愉快，使客户对销售人员产生好感，愿意与销售人员进行更深的接触。

那么，对于销售人员来说，什么样的声音才更好听，更能打动客户呢？

1. 打造自己声音的魅力

对于一个销售人员来讲，声音代表了自己的形象，只有学会用声音给客户留下美好的第一印象，接下来的沟通才能顺利进行。

销售人员应该让悦耳的声音成为自己专业服务的标志。显示出自己的声音魅力，就可以吸引客户与自己交谈，让客户更愿意听自己在说什么，无形中增加了成交的概率。

2. 赋予自己声音的情绪

人的情绪是可以通过声音来传染的，因此，销售人员要有意识地培养自己的积极情绪。特别是在电话销售中，不管每次的电话通话成功与否，都要做到对于接下来的另外一通电话没有任何不良影响。

如果销售人员用这种积极的心态去跟客户沟通，就会让客户有温暖的感觉，客户即使有什么不开心的事，也会被你的积极情绪所感染，从而让自己也变得积极开心起来。这样一来，销售人员与客户之间的通话就会变得很愉快。要知道，像跟朋友谈天似的销售才是最好的销售方式。

3. 增强自己声音的感染力

在跟客户交流时，说话一定要充满热情，这是销售人员在工作中必须要做到的。特别是在电话销售时，热情是可以传染的，虽然客户看不见电话销售人员的表情，但是客户却可以通过声音感受到销售人员的情绪。

销售人员在打电话时，如果一直紧绷着一张脸，不苟言笑，说的话也是冷冰冰的，没有多少热情可言，试想一下，客户还会有耐心和你继续聊下去吗？因此，很多时候，销售人员应该努力让自己高兴起来，让自己的面部表情变得丰富，只有心境快乐了，声音才会显得有热情，才能影响客户、感染客户，从而激起客户对产品的兴趣。

提问语言规范和变通

按风格来划分,语言可以分为生活化语言和规范化语言。生活化语言是指在风格上近似于日常生活的语言,具有随和、灵活、易于接受和易于沟通等特征。规范化语言是指遣词造句上比较讲究、正规,比较接近推销语言风格的语言。它比生活化语言更准确,更简洁,更通用。在某些场合下,需要使用规模化的语言,如贸易谈判、合同签订、商店柜台零售、商品展销会等。

向客户询问同一个问题时,提问用语的不同,往往会给客户不同的感受,也会产生不同的销售效果。例如,"先生,请您往这边走,好吗?"如把"请"字省去了,把"好吗"变成"行吗",在语气上就显得生硬,同时也会使客户听起来很刺耳,难以接受。另外,在销售提问中还要注意选择规范的用语,如:"先生,请问你要饭吗?"在这里,"要饭"就是不规范用语,如果改成"用饭"就显得规范了;"先生,您叫什么"中的"叫什么"就是不规范用语,规范用语应该是"您贵姓"。这样会使人听起来更文雅,免去粗俗感。由于推销用语的不同,导致了不同的销售结果。

有一对老夫妇打算购买一套两居室的住房,他们在电视上看到两则售房广告。一则写着:出售住宅一套,有厨房、卫生间、两个卧室。除此之外,壁炉、车库、浴室一应俱全。交通十分方便;另一则写着:住在这所房子里,我们非常幸福。只是由于两个卧室不够用,我们才决定搬家。如果您喜欢在春天呼吸湿润新鲜的空气,如果您喜欢在冬天的傍晚,全家人守着温暖的壁炉喝咖啡时的气氛,那么请您购买我们的房子。我们也只想把房子卖给这样的人。

看过这两则广告后，这对老夫妇毫不犹豫地选择购买第二则广告上的房子。

这个例子告诉我们，只有优秀的推销语言才能起到激发购买欲望的作用。我国是个礼仪之邦，各行各业的服务活动都体现了一种礼仪规范，商务活动也不例外。商务活动的场合包括柜台服务、展销展示、商务洽谈等形式。

在不同的场合有不同的提问用语，如致歉提问用语、引荐提问用语、欢送提问用语等。

1. 致歉提问用语

可以肯定地说，几乎所有人都会在工作中多多少少有一些失误，不管这个失误是大是小，不管责任是否全在于你，只要这个失误给客户造成了不便，或者是影响了客户正常的工作或生活，这个时候就要向其赔礼道歉了。提出此类问题的目的在于安抚客户的敌对情绪或不合作态度。常用的致歉提问用语有：

很抱歉，我在上一个交通信号灯处走丢了。您能再给我指一遍去您家的路吗？

很抱歉，我没有把我们产品的特性和益处向您介绍清楚。我在介绍的时候忽略了哪些地方呢？

如果我的语言比较冒失的话，我在这里向您致歉。您能告诉我为什么您在过去没有与我们公司开展业务吗？

2. 引荐提问用语

引荐是会见理想客户和发展业务的一个关键环节，可以使销售人员准确定位与其有潜在合作关系的客户，也能让对方对自己的能力充分信任，使得对方更容易被发展为长期客户。

常用的引荐提问用语有：

您能够想起来多少个可能会对这一套系统感兴趣的人呢？

您还认识哪些可能会对提高公司生产有兴趣的人呢？

我相信像您这样的人士，一定有不少具有良好素质的朋友。您还认识哪些会对这种产品感兴趣的人呢？

您已经告诉了我××先生这条线索，我给他打电话的时候可否提及您的名字呢？

3. 欢送提问用语

欢送提问用语是指客户在临走时，销售人员以提问的形式来询问客户满意的程度以及下次具体会面的时间。目的就是表达自己对客户的重视，加深客户对自己的印象，以利于以后开展工作，更为建立稳定的长期合作关系打下基础。

常用的欢送提问用语有：

请问还有什么可以帮助您的吗？

您对我们的服务还满意吗？

我很荣幸这次能够见到您，什么时候我们可以再见一面呢？

禁用盘问式提问

怎样用问题打开你与客户之间顺畅沟通的局面？其实，亲切、自然的提问更容易被客户接受。比如"吃饭了吗？""最近身体还不错吧？"类似的问题会拉近你与客户的距离，给予客户安全感。但是有许多销售人员急于求成，一开始便向客户盘问似的提出一连串咄咄逼人的问题，如："我们的产品是最适合您的，不是吗？""您准备什么时候签单呢？""我们的产品质优价廉，您还有什么不满意的呢？"这些问题会让客户无力招架，有时甚至会吓跑客户。

一位年轻的女士走进一家婚纱影楼。销售人员马上迎上去："小姐，您好！这边请，是准备拍结婚照吗？"

客户："是的，不过今天我想先了解一下。"

销售人员："当然可以。您是朋友介绍过来的，还是碰巧路过的呢？"

客户："我去商场买衣服，看到你们的广告就进来了。"

销售人员："对，我们店正在举办店庆，期间有许多优惠项目。您的婚期是什么时候呢？"

客户："五月一日。"

销售人员："先要恭喜您了。"

客户（微笑）："谢谢！"

销售人员："小姐您很有时间观念，结婚前一个月拍结婚照是最好的，因为从开始拍到取件刚好需要二十多天的时间。许多人就是因为没有算好时间弄得手忙脚乱。您先生真是好福气。我给您推荐的是目前性价比最高的优惠系列，可以说是物美价廉，我帮您介绍一下吧。"

销售人员："小姐的运气真的很好，我们的这个优惠系列只剩下三套了。我帮您订一套吧，您觉得呢？"

客户："今天是我自己来的，我想征求一下老公的意见。"

销售人员："您真是细心，是应该征求一下先生的意见。不过，您那么尊重他，我想他也一定会尊重您的意见的。我看您也很喜欢这个系列，要不这样：我先开单给您保留优惠，明天您带您先生一起过来看。到时如果有什么意见，我再详细帮您介绍。"

这位销售人员很轻松就赢得了客户，最重要的原因就是他在谈话中问的问题很温和，态度亲切，给了客户极大的安全感。在几个问题之后销售人员得知了客户的婚期，可是他并没有马上介绍自己的产品，而是说了一系列温和的话，如恭喜她做新娘、夸她有福气、赞美她尊重先生的意见等，这些虽然都是温和的问题，却不是可有可无的。因为这些话客户听后会很舒服，也会拉近彼此间的距离。

销售人员热情一些，客户感觉受到了尊重，从而愿意和销售人员合作。于是，很多销售人员表现出了足够的热情与自信，可是有一些销售人员则常常在这方面表现得有些过火，如对客户不予购买的原因进行明显的盘问：

"我们公司能够提供最好的产品和客户服务，其他公司根本达不到我们先进的技术水准，而且也不具备如此完善的客户服务系统，可是你们竟然不愿意与我们这样的大公司合作，到底是为什么呢？"

又如迫不及待地打断对方说话，甚至想当然地替客户做出决定：

"请先听我说好吗？我认为你们公司应该尽早做出购买决定。否则的话，对你们公司来说就是一种损失……"

或者明显地对客户的决策权表示怀疑，如：

"所有用过我们公司产品的客户都对我们公司以及产品给予了高

度评价，对于我们公司和产品的相关信息您也了解很多了，可是您为什么仍旧迟迟不决定购买？如果您没有权力决定购买的话，那我们是否应该去找您的上司呢？"

过度的自信实际上就是自负，过于自负的销售人员会令客户感到咄咄逼人，这会使他们感到自己在整个销售活动中都处于下风，没有任何一位客户喜欢这种感觉。客户希望受到足够的尊敬和重视，销售人员适度的热情和自信会增强人们的购买信心，但是如果销售人员的表现超过了某种程度，那么客户会感到自己被控制、被强迫，之后他们就会逆反，如果此时销售人员仍然试图通过"高压"的方式处理客户的反对意见，那么客户最后就会彻底拒绝销售，成交的希望也就此彻底破灭了。

提问要饱含热情

热情能够使悲观的人变得乐观，使懒惰的人变得勤奋，如果没有诚挚的热情，就没有优秀的销售人员。像对待朋友一样以诚挚的热情对客户提问，会让你的销售所向披靡。因为热情是有感染力的，洋溢着热情的销售人员会让客户感觉很温暖。

有一对夫妇走进一家家用电器商场，打算看看电冰箱。销售人员以亲切的态度做了适当说明后，发现这对夫妇似乎有购买意向，于是她便抓住时机发动热情攻势。"先生家里有几口人?"先生回答说有五口人。销售人员又转过身来问太太："太太是隔日买菜呢，还是每天都上市场?"

太太笑而未答，这位销售人员并未放弃，继续热情地为这位太太做了个"选择答案"——"听说有人一星期买一次，有人三天买一次，他们认为三天买一次，菜色不会有变化。太太您喜欢哪一种买法呢?"

太太终于回答说："我想三天买一次的方法比较好些。"

"家里常来客人吗?"

"有时候。"

"在冰箱里储存些食品，既可以保鲜，又可以应付突然来访的客人啊。"

这时先生蹲下来查看冰箱下方放啤酒的地方，估算着可以放多少瓶啤酒。销售小姐马上说："先生，听说爱喝啤酒的人是这样的，一次买上一打，早上摆进一两瓶。这样的天气，每天晚上下班回家享受一瓶冰镇啤酒，嘿，男人们的福气可真不小!"

销售人员又问："太太，您看这个冰箱可以容纳三天的鱼肉蔬菜吗？"

"可以，可以，刚刚好。"

"您看这个小点的够不够？"

"不行吧。"

"太太，您打算把冰箱放在什么地方？是客厅还是厨房？"

"厨房太小了，好像放不下。"

"不一定要放在厨房，实际上放在客厅也挺好的。"销售人员为这对夫妇勾勒出了一幅动人美景，"夏天的啤酒、西瓜、汽水、软包装饮料冷冰冰的，解暑可口；就是冬天的冰淇淋，也别有一番风味，更不要说随时可以取出又青又嫩的蔬菜和新鲜的鱼肉了。尤其是，用电冰箱可以节约很多买菜的时间，还可以从容不迫地招待那些突然登门的客人，真是一举数得啊！"

紧接着，销售人员又问："先生住在哪儿？离这儿远吗？"

"不太远，就在附近。"

其实销售人员此处的问话并非真想了解这对夫妇家离商场的距离，而是把推销引向了一个新的目标阶段——我们要把货送到您家里去啦！销售人员接着问道："那么是今天送到府上好呢，还是明天一早给您送去好？如果今天送去，明天马上就可以放进很多新鲜蔬菜和鱼肉啦！"

太太说："还是明天好，我得先回去腾一个地方。"

这时虽然购买意向已定，但还没有收到钱，仍然不能懈怠。销售人员又忙拿出一沓奖券撕下一百多张递给太太说："太太，请记住，下月五号当众开奖。这么多奖券，您一定会中奖的。"然后销售人员记下了这对夫妇的地址，同时收到了先生递上来的货款。热情的销售人员为这对夫妇提供了良好的服务和愉快舒心的购物过程。

每位客户都希望有这样愉快的购物体验。热情具有很强的感染力，会使客户乐于在这样的销售人员那里购买。

面对那些性格比较随和、愿意听别人讲话的人，销售人员的热情和主动可以调动起他们的情绪。热情的推销对于那些确实很想购买该商品的客户更有作用。

从"心"着手提问，关注客户的情感需求

善解人意的销售人员总是能得到客户的垂青，销售人员只有关注客户的情感需求，才能做一朵客户的"解语花"。客户也是普通人，有自己的烦扰和忧愁，当我们向客户提问时，要注意观察客户的情绪状态，关注他们的情感需求。打从心底关心他们，客户一定会感受到你的善意，也就更容易打开心扉。

王伟是一家汽车公司销售部的副总。一次，公司进口一批新款高档汽车，他分析了一下，认为这款车很适合徐老板，只是他以前每次拜访这个客户，对方不是态度冷淡，就是敷衍了事。

这天，王伟再度尝试去拜访徐老板，当他走进对方的办公室，还未来得及问候，客户就很生气地一拍桌子说："你怎么又来了，我不是告诉过你我最近很忙，没有空吗？你怎么那么烦人，你快走吧，我没时间接待你。"面对这种情况，王伟并没有转身离去，他说："徐老板，您怎么搞的，我每次来，都发现您的情绪不好，到底为了什么事情烦心？我们坐下来谈谈。"

此语一出，客户脸色立刻和悦了很多，也许他也觉得自己对待王伟的态度不妥。然后，徐老板说："王先生，我最近事情比较多，真快烦死了，你知道我是从事 IT 行业的，好不容易培养了三个分公司经理，正准备派他们去郑州、石家庄、济南开拓业务呢，结果上个月都被竞争对手挖了墙脚。"王伟听了拍拍客户的臂膀，说："唉，徐老板啊，您以为只有您才有这么烦心的人事问题吗？我也跟您一样啊。您看看，我们最近不是有新的产品要上市吗，前几个月我好不容易用各种方法招来十几个销售人员，每天起早贪黑地培训他们，想把我们的市场打开。结果才一个多月的时间，十几个销售人员走得只剩下五个人了。"接下来的几分钟，他们似乎找到了共同话题，两个人聊得非常尽兴，后来还成了朋友，三个月后，徐老板买了一辆王伟推荐的高档进口汽车。

当王伟遇到情绪低落的徐老板时，只字未提汽车的事，只是同徐老板套近乎，诱导他说出所烦恼的事，然后安慰他。其实，情绪低落的人更渴望倾诉，王伟做到了，所以他的销售任务也顺利完成了。

以发问探寻客户的真正需要

提问是探知客户需求的说话之道。那么，如何通过提问探出客户的真正需求呢？在此，介绍 SPIN 销售法。

"SPIN"由情景性、探究性、暗示性、解决性问题的四个英语单词的首位字母合成。SPIN 销售法就是指通过运用"实情探询、问题诊断、启发引导和需求认同"这四大类提问技巧来挖掘、明确和引导客户的需求，从而逐步推进销售进程，为交易成功创造基础的销售方法。

销售人员："姐姐，您真厉害，刚三十出头就实现了'五子登科'，我真是太佩服您了！不过这个年纪，上有老下有小，您的压力也不小吧？"（情景性问题）

客户："你才值得羡慕呢，一个人多自由。我这孩子要教育，双方父母要赡养，累着呢！"

销售人员："除了您，还有没有人能和您一起给家人全方位的呵护与保障呢？"（探究性问题）

客户："我老公呗。不过他也很忙，根本没有时间好好陪陪我和孩子，也没时间陪父母。我们两个都是独生子女，照顾老人全靠我们了。"

销售人员："是啊，现在这种情况很多，'80 后'都面临着这个问题。您有没有想过，如果有一天，您无法再为家人提供这样的保障，又没有其他人可以替代您。该怎么办呢？您为孩子和老人设想过吗？"（暗示性问题）

客户："这个我还真没想过。总觉得还年轻，还可以应付。"

销售人员："如果有一个计划，能够帮您减轻负担，同时还可以为您和您的家人提供保障，我相信，您肯定愿意尝试吧？"（解决性问题）

案例中，销售人员的提问就像医生问诊的过程，分四个阶段，将客户所面临的问题、隐忧、"痛苦点"一一呈现出来，客户逐步认识了自己的需求，也引导着销售向前发展了一大步。这就是 SPIN 销售法的具体应用。

并不是所有销售情况都要遵照上述发问顺序，销售人员应注意随机应变，灵活调整。比如，销售人员在提暗示性问题以探索客户的潜在需求的同时，可辅以情景性问题来帮助获取更多的客户背景资料。另外，销售人员要注意把握销售进程，各个阶段的转换要及时，过渡要贴切自然。

SPIN 销售法的核心就是发掘出客户所面临的问题、隐忧、"痛苦点"，使客户的真正需求逐渐明确并对其感受越来越强烈，引导销售走向成功。

问题接近法：善于提出一个问题

销售人员直接向客户提出有关问题，可以引起客户的注意和兴趣，引导客户去思考。首先提出一个问题，然后根据客户的实际反应再提出其他问题，步步紧逼，接近对方，这就是"问题接近法"。

美国一位口香糖销售人员在遭到客户拒绝时就提出一个问题："您听说过威斯汀豪斯公司吗？"客户说："当然，每个人都知道。"销售人员接着又问："他们有一条固定的规则，该公司采购人员必须给每一位来访的销售人员1小时以内的谈话时间。您知道吗？他们是怕错过好东西。您是有一套比他们更好的采购制度还是害怕看东西？"

某自动售货机制造公司指示其销售人员出门携带一块60厘米宽90厘米长的厚纸板，见到客户就打开铺在地面或柜台上，纸上写着：如果我能够告诉您怎样使这块地方每天收入250美元，您会感兴趣的是吗？

当然，接近问题必须精心构思，注意措辞。事实上，有许多销售人员养成了一些懒散的坏习惯，遇事不动脑筋，不管接近什么人，开口就是："生意好吗？"有位采购员研究销售人员第一次接近客户时所说的行话，做了这样一个记录，在一天来访的14名所谓的销售人员中，就有12位是这样开始谈话的："近来生意还好吧？"这是多么平淡、乏味呀。某家具厂的推销经理曾经抱怨说有4/5的销售人员都是以同一个问题开始推销面谈，即"生意怎样？"

在利用问题接近法时，销售人员还必须注意以下4点：

1. 接近问题应表述明确，避免使用含混不清或模棱两可的问句，以免客户听起来费解或产生误解。例如，"您愿意节省一点成本吗?"这个问题就是不够明确，只是说明"节省成本"，究竟节省什么成本，节省多少，多长时间，都没有加以说明，很难引起客户的注意和兴趣。"您希望明年年内节省7万元材料成本吗?"这个问题就比较明白确切，容易达到接近客户的目的。一般说来，问题越明确，接近效果越好。

2. 接近问题应尽量具体，做到有的放矢，一语道破，切不可漫无边际，泛泛而谈。销售人员应该在接近准备的基础上设计接近问题，针对不同的客户提出不同的问题，只有为每一位客户定制不同的接近问题，才能切中要害。千篇一律的问题，不着边际的问题，不合时宜的问题，不切实际的问题，不痛不痒的问题，不知所云的问题，不成问题的问题，都难以引起客户的注意和兴趣。

3. 接近问题应突出重点，扣人心弦，切忌隔靴搔痒，拾人牙慧。在实际生活中，每一个人都有许许多多的问题，其中有主要问题也有次要问题，应把重点放在客户感兴趣的主要利益上。如果客户的主要动机在于节省钱，接近问题就应着眼于经济性;如果客户的主要动机在于求名而不是求利，则接近问题应强调相应的重点。因此，销售人员必须设计适当的接近问题，诱使客户谈论既定的问题，从中获取有价值的信息，把客户的注意力集中于他所希望解决的问题上面，缩短成交距离。

4. 接近问题应全面考虑，迂回出击，切忌直言不讳，应避免出语伤人。每个人都有一些难言之隐，旁人不可随意提及。出于多种原因，有些客户不愿意谈论某些问题，即使有人提起，也往往不做答复。例如，人们一般不与陌生人讨论自己的财务状况，除非销售人员事先已经熟悉有关情况。有时销售人员也可以利用有关资料进行逻辑推理，以假言判断的方式提出接近问题。无论采用的方式如何，都应避开有争议的问题和伤感情的问题，以免触及客户的痛处，转移客户的注意力。当然，这是一种处理伤感问题的高度艺术，十分微妙，只有恰到好处，才能有问必答。

·第八章·

在疑问中寻找机遇

在销售过程中，我们也许不是每一次都能得到客户的理解，但是每次遇到这样的情况都要提防自己卷入客户的情绪，让问题愈加严重。服务是用心去体会你面对的各类客户，聆听他们，理解他们，为他们解决问题，善待客户，就如同善待我们自己一样！

耐心解释客户的挑三拣四

"嫌货才是买货人"的意思是说，嫌弃货品的人才是真正对你的产品感兴趣、有意愿购买的人。如果销售人员遇到对产品挑三拣四、指指点点的客户，请不要生气，而是要高兴才对，因为真正的客户来了。

面对客户的刁难，要让自己静下心来，耐心地倾听。你只有让客户对你的服务满意，让客户感觉你在乎他说的每一句话，他才会满足你的口袋，心甘情愿地购买你的产品！你一定要明白，对客户耐心，最终受益的不只是客户，更是你自己！

"这草莓都快烂了，还要卖十块钱一斤啊？"客户仔细看着手里的几个草莓。

"老哥，我这草莓算不错的了，不然您去别家比较比较。"水果摊主老林胸有成竹地说。

客户："八块一斤吧，不然我就不买了。"

老林微笑回应道："老哥，我卖您八块一斤，对刚才这位买草莓的大姐如何交代呢？"

客户："可是，你的草莓也不见得好。"

"这草莓就是个头小点儿，可甜了。如果再大点的话就要卖十二块钱一斤了！不信，您尝尝。您觉得好吃再买……没关系，您尝一个吧！"老林笑着解释道。

不论客户的态度如何，老林始终面带亲切的微笑。虽然这位客户嫌这嫌那，可最后还是以十元一斤的价格买了两斤草莓。

有时候，客户之所以"嫌弃"你的产品，其实是在意它，说明他对你的产品产生了兴趣；或者是已经有了购买打算，却想在价格、交易条件等方面寻求优惠而提出异议，并不是真的嫌弃。相反，那些对你的产品只说"不错，不错"的客户往往只是走马观花的看客，他们对你的产品没有兴趣或者不需要，自然也不会把精力浪费在品评你的产品上。

陈先生的冰箱坏了，急需买一台。在商店里，销售人员指着他要的冰箱，告诉他价格为 1500 元。

陈先生："可这冰箱外表有点小瑕疵！你看这儿。"

销售人员："我看不出什么。"

"什么？"陈先生说，"这一点小瑕疵似乎是个小割痕，有瑕疵的货物通常都要打点折扣吗？"

陈先生又问："这一型号的冰箱一共有几种颜色？"

销售人员："30 种。"

"可以看看样品本吗？"陈先生问。

销售人员回答说："当然可以。"说着马上拿来了样品本。

陈先生边看边问："你们店里现货中有几种颜色？"

销售人员："共有 22 种。请问你要哪一种？"

陈先生指着商店陈设产品里没有的一种颜色说："这种颜色与我的厨房颜色相配，其他颜色同我厨房的颜色都不协调。颜色不好，价格还那么高，要不调整一下价格，否则我将重新考虑购买地点了，我想别的商店可能有我需要的颜色。"

陈先生又打开冰箱门，看了一会说："这冰箱附有制冰器？"

销售人员："是的，这个制冰器 24 小时都可以为你制造冰块，而且 1 小时只需要 2 分钱的电费。"（他以为陈先生会满意这个制冰器）

陈先生："这太不好了，我孩子有慢性喉头炎。医生说绝对不能吃冰，绝对不可以。你可以帮我把这个制冰器拆掉吗？"

销售人员："制冰器是无法拆下来的，它同冰箱的门安装在一起。"

陈先生："我知道……但是这个制冰器对我根本没用，却要我付钱，这太不合理了，价格再便宜点？"

即使陈先生如此讨价还价，售货员始终耐心解说，最终做成了这一单生意。

一位销售人员，如果没有足够的耐心，就不能用心听完客户的倾诉，没有足够的包容心，就不能与客户进行心灵沟通。每个人都希望自己的倾诉得到别人的肯定，尤其当一些客户与你沟通时，就算是故意刁难，这个时候一定要不急不躁，耐心地倾听客户的谈话。要记住：你对客户耐心地倾听，不仅是对客户的尊重，更是自己素质和修养的体现。

仔细找到客户的关键问题

销售在很多人看来是非常简单的事情，认为只是卖东西，其实不然，销售也是有很多技巧的。其实最重要的一点，还是尽可能多地了解客户的需求，弄清楚客户的具体异议，并让客户把关键问题尽量详细地说明原因，你才能有针对性地进行决策。

艾洛克是一名优秀的保险销售人员，他也遇到过很多困难，那他又是怎样扭转乾坤的呢？

有一次，他向一位地毯公司的老板销售寿险。可是，那位老板一听"保险"两个字，就态度强硬地对艾洛克说："不管你怎么花言巧语，我都不会买的。"

艾洛克虚心请教道："那您能否告诉我，是什么原因让您如此肯定的吗？"

"唉，最近经济不景气，我们公司也跟着遭了殃，遇到了财政危机，而保险每年要'抢走'我们 8000 美元左右，我可不想做傻事。除非公司财政一切恢复正常，否则我不会在保险上多花一分钱。"

地毯公司老板的这番话使谈话陷入了僵局，在别人看来，这场交易已然"山重水复疑无路"了，但是艾洛克并没有打退堂鼓，也没有规劝老板，只是追问道："除了财政危机，还有其他特殊原因吗？也就是说，我想知道，是什么让您如此坚决？"

老板犹豫了一下，然后坦诚道："你看得很准，我确实还有别的顾虑。"

"是什么顾虑让您如此谨慎呢？"

"是这样的，我有两个儿子，他们都大学毕业了，现在都在我自己的公司里努力工作。我不能那么自私，把公司赚来的所有利润都花在保险上，我总要为两个儿子着想一下吧？"

原来这才是真正的原因和顾虑，艾洛克知道了这个关键点，认为一切问题就都好解决了。

艾洛克笑着对老板说："让我亲自为您设计一个方案吧，我保证您的财产不会流失一丝一毫。而且我的方案会全面地顾及您的儿子们，让他们因您而享有更好的保障。这不正是您最关心的事吗？"

最后，艾洛克成功地推销出去了自己的保险。

再看另一个案例：

销售人员："李经理您好，我是××网络服务公司的。"

李经理："你好。"

销售人员："我以前跟您联系过，贵人多忘事，您肯定不记得了。今天刚好到您公司附近办事，所以就过来拜访您。"

李经理："哦。"

销售人员："我记得您好像说过咱们公司还没有自己的网站，对吗？"

李经理："嗯。"

销售人员："恕我直言，您一定希望咱们公司拥有自己的网站吧？"

李经理："是啊。现在是网络时代，大部分公司都开办了自己的网站。通过网络既可以提高企业形象，也可以进行产品宣传，还可以进行网上交易，真可谓是一举多得啊。我很早就想办个网站了，但是这方面我又不懂。哎，对了，你就是网络公司的对吧，能帮我介绍一下吗？"

不用说，销售人员轻松搞定了李经理。

　　销售人员在与客户沟通时，一定要把握住客户的关键问题，让客户多说，详细地说，具体地说。如果销售人员在与客户的交谈中只顾自己夸夸其谈，就会使客户没机会向销售人员传递相关信息，而不知道客户真正的需求，最终就会失去成交的机会。

真正打消客户的疑虑

世界上最伟大的销售人员乔·吉拉德曾经说过："客户的拒绝并不可怕，可怕的是客户不对你和你的产品发表任何意见，只是把你一个人晾在一边。所以我一向欢迎潜在客户对我的频频刁难。只要他们开口说话，我就会想办法找到成交的机会。"

销售人员要知道，在销售过程中，客户有疑虑并能提出来，是销售迈向成功的第一步。如果客户什么疑虑都没有，就相当于他不接受你的产品，那才是真正的拒绝。如果客户什么都没问就接受了你的产品，那也只是给了你一个面子，而且你和他很可能只有这一次交易，也就是所谓的"一锤子买卖"。因此，销售人员在与客户沟通时，要像邀请嘉宾一样邀请客户说出自己的疑虑。

我们来看看保健品销售人员小丁的销售故事：

我是××保健品的直销员。我现在有一位合作得非常好的客户，我们在网上认识已经一年多了，至今也没有见过面。在刚认识的几个月里，我们只是聊事业、聊工作、聊健康、聊家庭……我从来不聊直销。她也不知道我在从事直销。

或许是我的真诚打动了对方，一次偶然的机会，她把对自己身体健康的担忧透漏给了我。我抱着帮朋友调理身体、真诚希望朋友健康的心态，把我销售的产品推荐给她。我告诉她，我推荐的只是保健品，对调理身体有一定的作用，但是不能代替药品。如果病情严重，就必须去医院看医生。

或许是我的真诚和实在，她欣然接受了我推荐的保健品，并按照我的建议，一次配了三个月的产品。

刚刚使用产品一个月，她的身体没有什么好转。她越急就越想快点看见效果，越想快点看见效果就越急。她耐不住等待，急得像热锅上的蚂蚁，不是用 QQ 向我提问题，就是打电话提问题。

我很开心她还能向我提出疑问，说明她还是愿意相信我的。每一次的问题，我都细心认真地分析解释。

三个月下来，她的身体发生了明显的变化，她彻底相信了我，而且开始推荐她身边的人使用我的产品。

面对客户的疑虑，销售人员要让客户说出心中的疑虑，这样销售人员才能有针对性地解答客户的问题，打消客户的疑虑。

邀请客户说出自己的疑虑，一般有以下几种方法：

1. 在客户购买产品的时候当场询问，这样既能节约成本，信息也能及时反馈回来。

2. 问卷调查。发放调查问卷是收集客户疑虑的好方式，它便于大规模地展开调查活动，还可以对客户的疑虑进行深入的分析，而且便于调查一些难以启齿的问题。

3. 电话调查。利用电话调查可以节约时间，节约人力。

4. 上门调查。虽然上门调查浪费时间和人力，但是它有一个不可取代的优点，就是销售人员可以亲眼看见客户对产品的使用情况，能更加直观地了解客户的疑虑。

面对客户的疑虑，销售人员应该如何应对呢？

1. 做好准备工作

销售人员要提前对客户的需求状况、购买能力以及市场上同类产品进行调查和分析，在与客户沟通前就制订出适合客户需要的销售计划，事先推测客户可能会在哪些方面提出异议。销售人员与客户交流时，就可以尽可能避免在一些琐碎的小事上浪费时间和精力。从而大大提高销售的效率，尽早实现交易。

2. 切忌直接否定客户

不论销售人员的准备有多充分，也不论客户提出哪些方面的疑虑，销售人员都不能直接否定客户提出的观点，因为一旦直接否定客户，只能令其反感，也就会导致接下来的销售活动失去回转的余地。

销售人员适度认同客户可以避免双方产生摩擦，从而缩短销售人员与客户之间的心理距离。而且当客户的表述得到认同之后，他们往往会在接下来的销售活动中表现得更为积极，至少他们能够更加主动地表达自己对销售人员以及产品的各种疑虑，而客户所表达的这些信息对销售人员的工作具有十分重要的引导作用。如果客户在刚刚提出某种疑虑的时候就受到了销售人员的否定，那么他们很可能会对接下来的销售活动产生排斥心理，不愿意继续表达自己的看法，而这对于整个销售活动的开展是极为不利的。

3. 注意观察客户的表情举止

即使客户最初不愿意说出他们的疑虑，可是他们很可能会通过其他方式表露自己的心迹，如一些假装不经意的询问、偶尔显露出的表示感兴趣的神态动作等。销售人员一方面可以借助有技巧的提问引导客户说出自己的疑虑，也可以通过察言观色了解客户的真实想法。一旦发现客户比较关心的问题，要迅速做出回应，给客户以心理上的安慰和补偿。如果销售人员的安慰或补偿行为充分引起了客户的兴趣，那么就表明已经找到了客户最担心的问题。

4. 迅速反应，针对性的解决问题

当销售人员通过一系列努力了解到客户的疑虑时，就要迅速做出反应，巧妙地围绕着客户疑虑进行交流，尽可能充分地了解客户关心的信息内容，不要再顾左右而言他。

　　通过相应的信息追踪，销售人员可以进一步确定自己挖掘出的理由是否正是客户不能下定决心购买的真正原因。如果仍然不能确定，那么就需要销售人员继续努力，如果已经确定，那么就要集中精力应对客户的担心，解决这一难题，最终实现成交。

　　如果在销售过程中，你的客户欲言又止，那么请你像邀请嘉宾一样，邀请你的客户大声说出他的疑虑吧。

敢于面对拒绝，战胜拒绝

相信很多销售人员在去拜访客户时，都有过这样的经历：当你滔滔不绝、口干舌燥地向客户介绍产品时，客户往往会回以各种各样的借口。其实，有的时候客户的推托并不是绝对不想购买，作为销售人员，若你在这个时候放弃，那之前的所有努力就等于白费了，你的反驳也一定会让客户难堪，最终导致销售失败。因此，要想实现成交，销售人员必须解开客户的"心中结"。

美国金牌推销员乔·库尔曼说："只要你能让客户不断地说话，就等于他在帮你找出关键点。"

被客户拒绝时，不要急赤白脸，而是有条不紊地刨根问底，仔细聆听，把拒绝当成一根牵引线，有效找到客户潜藏的需求和顾虑，从而对症下药，有针对性地帮客户解决难题。

总之，作为销售人员要明白，客户拒绝你，其实是一件非常正常的事情，不要为此耿耿于怀，也不要黯然神伤。作为一名优秀的销售人员，当你遭到客户的拒绝时，你必须做到临危不乱，不动声色，用几句妙语化尴尬为开怀，这样才能有机会达成交易。

作为销售人员，一定要内修心态、外练技能，做到敢于面对拒绝、战胜拒绝，并让自己与拒绝为友。对于拒绝，每个销售人员都应当视为一次提升自己的绝好机会。因为，每一次销售失败都可能是你再一次成功的开始。

贝特为了拓展化妆品店的生意，积极进行着开发活动。他在打算进入一家店面之前，准备先在店面附近的仓库出入口逛逛。这时，他听到仓库里传来了争吵的声音。贝特觉得这种形势会对销售非常不利，但既然来了，便决定上前和店主打个招呼。

于是，贝特对店主说："您好！不好意思耽误您的宝贵时间，我只是想和您打个招呼而已。我是××化妆品公司的贝特。"贝特边说边恭敬地递上了自己的名片。

当然，贝特知道在这种情况下，不可能会销售成功，他也已经抱着再来一次的心理。但是令贝特意想不到的是，店主看都没看一眼名片就把它丢在了地上，说："我不需要你的东西，请走远点。"

见到对方这种态度，贝特非常生气，但压住了心中的怒火，弯下腰拾起被扔在地上的名片。并且说："很抱歉打扰您了！"

得知这种情况后，贝特的同事都认为这家店一定攻不下来，但是在半个月后，贝特还是再度前往拜访。

来到店内，店主很不好意思地对贝特解释说自己那天的行为并不是故意的，只是当时心情不好，所以才会做出那种过火的行为。店主最后欣然接受了贝特的销售，成了贝特的最佳客户。

可见，成功的销售人员总是勇于面对客户的拒绝，而不是失去耐心后放弃。

事实上，很多时候，被客户拒绝并不意味着机会永远丧失。当销售人员遇到拒绝时，一定要保持良好的心态，要理解客户的拒绝心理，以良好的职业精神正视拒绝，千万不要因此而心灰意冷。如果你持之以恒，把所有的思想和精力都集中于化解客户的拒绝之上，自然就会赢得客户。

在销售生涯的旅程中永远存在着拒绝，当你在销售中遭到拒绝的时候，不妨想想爱迪生在给整个世界带来光明前，大自然给予他的那一万次拒绝。

爱迪生每试验一种材料失败，就意味着下一种材料成功概率的增大。他知道合适的材料不是这一种，就是下一种，如果一次就试验成功了，相信最终发明电灯的人就不止爱迪生一个。

也正因为一件事具有一定的难度，才体现了它的自身价值。正是因为失败，才找到了成功，正是因为遭受了拒绝，才实现了最后的成交。

绝对不要和客户辩论

销售人员永远不要显得比客户高明，即使是客户错了，也不要与其争辩。因为，争辩不是销售的目的，销售人员占争辩的便宜越多，吃销售的亏就越大。

销售失败的主要原因之一就是与客户争辩。销售人员和客户作为利益的不同主体，在洽谈过程中必然会出现各种矛盾，在异议处理中这种倾向尤其容易发生。在回答客户问题或异议的时候，销售人员会发现不知不觉中已经与客户争辩起来，气氛相当紧张。这时切记：客户的意见无论是对还是错、是深刻还是幼稚，不管客户如何反驳你，与你针锋相对，你都要心平气和，避免与其争辩，不给他心理受挫的失败感和抵触感。争辩中的胜利者永远是生意场上的失败者。争辩不是说服客户的好方法。与客户争辩，失败的永远是销售人员。

欧哈瑞现在是纽约某汽车公司的明星销售人员。他是怎么成功的呢？这是他的说法："如果我现在走进客户的办公室，而对方说：'什么？怀德卡车？不好！你送我我都不要，我要的是何赛的卡车。'我会说：'老兄，何赛的货色的确不错。买他们的卡车绝对错不了。何赛的车是优良公司的产品，业务员也相当优秀。'这样他就无话可说了，没有争论的余地。如果他说何赛的车子最好，我说不错，他只有住口。他总不能在我同意他的看法后，还说一下午何赛的车子最好。接着我们不再谈何赛，我就开始介绍怀德的优点。

"而要是放在以前，如果我听到他那种话，我早就气得不行了。我会开始挑何赛的错，可是我越批评别的车子不好，对方就越说它好。越是辩论，对方就越喜欢我的竞争对手的产品。

"现在回忆起来，真不知道过去是怎么干销售工作的。花了不少时间在争辩，却没有取得有效的成果。我现在不再争辩了，果然有效。"

销售不是与客户辩论，说赢客户。客户要是说不过你，他可以不买你的东西来"赢"你啊。不能语气生硬地对客户说"你错了""连这你也不懂"。这些说法明显地抬高了自己，贬低了客户，会挫伤客户的自尊心。

有一次，一位女士怒气冲冲地走进果蔬店，向销售人员呵斥道："我女儿在你们这儿买的香蕉，为什么少了半斤？"

销售人员一愣，然后礼貌地回答："请您先回去称称孩子，看她是否变胖了。"

这位妈妈恍然大悟，脸上的怒气也顿时消去了，心平气和地微笑着对销售人员说："噢，对不起，误会了。"

为什么会出现这种情况呢？首先销售人员认为自己不会称错，那么便剩下一种可能，即那位女士的孩子把香蕉偷吃了。但是如果明说"我不会搞错的，肯定是你女儿偷吃了"或者"你不找自己女儿的麻烦，倒问我称错没有，真是莫名其妙"，这样不但不能平息客户的怒气，反而会引发一场更大的争吵。因此，销售人员用委婉的语气指出客户所忽视的问题，既维护了商店的信誉，又避免了一场争吵，也赢得了客户的理解与好评。

作为销售人员，无论何时都不要忘记：在与客户的争辩中，无论你胜与负都是负。如果你在争辩中失败了，那你是真的败了，如果你胜了，却把对方的意见指责批得体无完肤，甚至是凌驾于客户之上，那结果仍然是失败。一个真正成功的销售人员，是绝不会与自己的客户进行争辩的。

因此，无论在什么情况下，销售人员都不能同客户发生争辩。要尽量创造一种真诚合作的沟通气氛，这是销售谈判取得成功的基本前提；和谐的沟通有助于构建良好的客户关系，这是保持长期业务联系的重要条件。

成交的关键时刻，千万不要急躁

俗话说：心急吃不得热豆腐。豆腐刚出锅，还没散热，你一口咬上去，不仅尝不到美味，反而会烫伤你的舌头。销售亦可以将客户看作一块香喷喷的豆腐，只不过，热豆腐降温才能吃，客户升温才会购买。要想让他掏钱来消费你的产品，需要一个渐渐升温的过程。销售人员在谈判桌上态度激进、不给客户好脸色，很容易让到手的订单飞走。

这天，冯江和几位同事代表公司与一家建筑公司的代表进行推销谈判。

起初，冯江这一方的表现是压倒性的，他们气势汹汹，有备而来。先借用电脑图像、图表等数据来说明他们价格的合理性，然后又将准备好的资料念了两个半小时。期间，建筑公司的代表一直默默听着，没有反驳一句。

等冯江这一方的代表讲完，松了一口气，以结束推销的语气问："你们还有什么问题吗？如果没有就商谈一下合作的事情吧！说实话我们准备得非常充分，而且本身我们也是同行业中最棒的。"

这时，建筑公司的一位代表微微笑了一下，发话了："我们不明白。"

"什么？"冯江这一方的代表诧异地问："你们是什么意思？你们还有哪里不明白？"

这家公司的另一位代表彬彬有礼地答道："全部事情。"

尽管冯江这一方的代表非常气愤，但还是勉强地挤出几个字："从什么时候开始？"

对方答："从推销开始的时候。"

冯江这一方的代表只能无奈地苦笑，无精打采地继续问："好吧，那你们要我们怎么样？"

对方说："您再重复一遍吧。"

此时，冯江和他同事的锐气早已烟消云散，建筑公司的代表一下子掌握了主动权，让冯江的代表团不得不压低了预想价格。

在与客户谈判时，切勿急于提出成交的请求。越是到接近成交的时候，销售人员越应该保持不骄不躁的姿态。

如果销售人员的态度非常激进，客户会觉得你能从中获取很高的利润，进而产生被愚弄、欺骗的感觉，很难去欣赏和认可你的产品。所以，在成交的关键时刻，销售人员一定要态度平和、稳重。

欲速则不达，销售人员万不可急于求成。

销售人员："您好，是要茶叶吗？"

客户："是的。"

销售人员："您是要自己喝，还是送人呢？"

客户："送人的。"

销售人员："那您看看这些，这些都比较适合当作礼物，很能拿出手的。"

客户："这些都是什么价格？"

销售人员："这种是188元，这种是258元，这种是328元，这种是399元的。"

客户："价格也不低啊。"

销售人员露出不屑一顾的表情："拜托啊老板，您想办成事情，礼物肯定要选有档次的啦，难道您要提着散装的去吗？"

客户听见销售人员的口气不是很好，抬头看了一眼没有说话。

销售人员："您要哪一种？"

客户："等等，我想想。"

销售人员："您就别想了，看您这身份，就拿最贵的吧，我给您包起来，您到这边付钱就可以了。"说完，他就着手包装起来，根本没有得到客户的同意。

客户终于忍无可忍："你怎么回事儿！强买强卖啊？看你这个着急劲儿，我看你的茶叶也不是什么好东西，说不定就是霉掉的呢！"说完拂袖而去。

上述情境中，销售人员就是因为太过心急，才让客户大发雷霆，最后拂袖而去，丢失了一笔生意。

在销售过程中，销售人员万不可和上述情境中的销售人员一样，因为急于成交，而打乱自己的工作节奏，打乱自己的工作秩序，影响了正常的工作心态。像情境中的销售人员那样的销售方式，急于一时，只会引来许多不必要的麻烦，不会对我们的业绩有任何帮助。急躁就会出错，会让人情绪紊乱、心态失衡，工作效益不增反降，进一步影响我们的工作心态，从而陷入恶性循环。

第九章

做好售后，合作得会更长远

对于销售员来讲，做好售后服务才能最终成就卓越销售大师。记住这样的真理——小事情也能带来大变化。那种长期的销售员与客户的合作关系正是通过销售员所做的微不足道的小事情建立起来的。很多时候，销售员之所以失去客户，是因为他们没有注意那些看起来似乎无关紧要的细节。如果所有销售员都能够认识细节的重要性的话，很多人将因此功成名就。

以恰当的方式处理客户的抱怨

销售不会总是一帆风顺，有时候客户也会抱怨，销售人员首先应该做到的就是耐心倾听、用心解答。倾听客户心理时要带有反馈，这样会让客户产生被重视的感觉，从而大大提高客户的满意度，容易稳定你的客户群。

客户："是××公司销售部吗？"

电话销售人员："是的，我是销售代表×号，请问有什么可以帮到您？"

客户："找的就是你。我在你们的网站上发布了招聘信息，可是直到现在连一封应聘简历都没收到。你们的招聘效果也太差了吧！"（客户很愤怒）

电话销售人员："您别急，慢慢说。"（向客户表示自己在倾听，让客户感觉自己受重视）

客户："我们的广告在你们的网站上已经发布两天了，但是最近这两天一封应聘简历也没有收到，到底是怎么回事呀？"（语气稍有缓和）

电话销售人员："我理解您现在的心情，非常抱歉给您的工作带来了不便。您能回答我几个问题吗？"（表达同理心，真诚地向客户致歉，并通过询问的方式了解客户产生抱怨的真正原因）

客户："你说吧。"（电话销售人员态度好，所以客户的态度也跟着缓和了下来）

电话销售人员："您是哪家公司？"

客户："北京××公司。"

电话销售人员："哦，那是张先生吧。请问您在发布招聘信息的时候设置'简历转发至指定邮箱'这一项了吗？"

客户："设置了，我们有专门收简历的邮箱，而且别的网站我同样发布招聘信息了，都能收到他们系统转发过来的应聘邮件。"

电话销售人员："请问您检查过没有，您的邮箱空间还有吗？"

客户："当然有了，3G 的空间呢。"

电话销售人员："哦，这样呀。非常感谢您能告诉我这些情况。我会马上问一下我们的技术客服，查看一下我们的后台，看看您说的情况是怎么回事。我一会儿就打电话给您，您看好不好？"（向客户表示感谢，同时提出解决办法及反馈时间，并征询客户的意见）

客户："好吧，请你赶紧问吧。要不我们的钱不是白花了吗！"

电话销售人员："好的。非常感谢您！"（成功解决了客户的抱怨，客户接受了电话销售人员的建议）

具体来说，有以下五种恰当应对方式。

1. 耐心了解客户的问题

不管客户的态度如何、抱怨的是什么，销售人员都应先安抚客户的情绪，不被客户的坏情绪所左右，如"您先别着急，慢慢说……""您先消消气……"等；客户抱怨时，销售人员应专心聆听、认真做记录，最好是用关切的眼神看着客户以示重视；等客户说完，销售人员还应跟客户确认其抱怨的真正原因，如"您的意思是因为……而觉得很不满，是吗？"

2. 一定要为出现问题向客户致歉

听完客户的抱怨，销售人员应对其表示感谢，一则降低客户的敌意；二则为有机会提高自己而感恩客户。比如："谢谢您花费宝贵时间来告诉我这个问题，让我们能有改进的机会。"

另外，客户所抱怨的内容，如果错在己方，销售人员应赶快向其致歉，如"很抱歉我（们）做错了……""真是抱歉，给您带来这样的麻烦……"等；如果错在客户，销售人员仍应为客户的心情不佳而致歉，如"让您这么不高兴，真是对不起……"

3. 及时有效的处理客户反映的问题

了解了客户的抱怨后，销售人员应向客户承诺立即处理，并表达出自己的诚意，如"您放心，我会尽快帮您妥善处理这个问题的……""您稍等，我马上跟领导汇报一下，然后就给您回复"等；如果需要询问细节及其他相关信息，销售人员别忘了先说："为了能尽快解决好这件事，需要跟您请教一些数据……"切不可咄咄逼人，这样会让客户恼羞成怒，让矛盾升级，如"是谁跟你说的""我可没这么跟你说过"等。

4. 提出解决方案，让客户选择

有了解决方案，销售人员应立即将方案反馈给客户，最好有2～3个方案，让客户自己选择满意的，同时试探客户的想法，如"您是否同意我们这样处理……""这样处理，您觉得怎么样……"等。这样才会让客户感受到被尊重，从而消除怒气，也有利于问题的解决。

5. 及时回访，加深客户受尊重的感觉

在客户抱怨处理完成后的第二天，销售人员应及时与客户联系，确认其对处理结果是否满意，如"……您还满意吗""您还有什么不满意的地方尽管跟我说……"等，以加深客户受尊重的感觉，同时了解处理方法是否有效。

总之，面对客户的抱怨，销售人员的应对原则就是：冷静应对、耐心倾听、用心解决。

处理抱怨的"禁用语"

客户的抱怨一般是因为我们推销的产品或提供的服务存在缺陷，当然有时候也会因为误解而产生不满。客户向销售人员抱怨的时候，无疑是销售人员向其澄清或解释的绝好机会，所以处理客户的抱怨，一定要注意自己的言行，特别是一些"禁用语"，一定要避免。

某家服装店里，销售人员孔琳正在向一位客户介绍衣服。突然，一个年轻男士破门而入，将一个手提袋甩到柜台上，大声冲孔琳嚷道："我当初花×××元买这裤子，现在发现裤脚有个破洞！"

这位男士实在太生气了，抱怨的声音如同警报声一样尖厉。

"先生！"孔琳用足以盖住那位生气的客户的声音大喊道。

"先生，"第二次喊时轻柔了许多，孔琳轻轻地接着说道，"请不要在店里大声喊叫，请先把您买的那条裤子给我看一下。"

客户："喏，就在这里，你别想不认账！"

孔琳："先生，我把这条裤子卖给您的时候就保证过，我们店里的衣服都是经过质检员专门检查的。我想是您弄错了吧！不会是您自己不小心弄破了吧？"

客户："怎么可能？我都还没穿过，买的时候说得天花乱坠的，我真是糊涂，居然上了你的当！"

孔琳："先生，饭能乱吃，话可不能乱讲，您已经影响我们做生意了！"说完，孔琳将那条裤子随意地扔到了角落。

孔琳："您放心，我会给您换一条新的，您不就想要一条新的吗？这样的事情我见得多了。"

客户："你……我要投诉你！"

像孔琳这种言行，肯定会让客户生气。因此，面对客户的抱怨，要记住几点处理抱怨的"禁忌语"。

1. 这是绝对不可能发生的事情。一般商家对自己的商品或服务都是充满信心的，因此在客户抱怨时，销售人员常常用这句话来回答。

其实，当销售人员说这句话时，客户已经受到严重的心理伤害了，因为这句话表示店方并不相信客户的陈述，怀疑他们是在撒谎，这必然引起客户的极大反感。

2. 这种问题与我们无关，请去问生产厂家，我们只负责卖货。尽管商品是由厂家生产的，但是由于商品是在销售人员手里卖出去的，销售人员就应当对产品本身的品质、特性有所了解。因此，以这句话来搪塞、敷衍客户，表明销售人员不负责任、不讲信誉。

3. 不知道、不清楚。当客户提出问题时，销售人员的回答若是"不知道""不清楚"，那么就会给客户留下一种不负责任的印象，从而激化双方之间的矛盾。因此，作为一个尽职尽责的销售人员，一定要尽一切努力来解答客户的提问，即使真的不知道，也一定要请专业人士来解答。

4. 我不会。"不会""没办法""不行"这些否定的话语表示的是无法满足客户的希望与要求，因此应尽量避免使用。

5. 这是本公司的规定。以这种话来应付客户抱怨的销售人员为数不少。实际上，公司的规定通常是为了提高销售人员的工作效率而制定的，制定相应的规定与制度的目的是更好地为客户服务，而绝不是为了监督客户的行为和限制客户的自由。因此，即使客户不知情而违反了所谓的规定，销售人员也不可以此做挡箭牌来责怪客户。

以上几条是解决客户抱怨时应该避免使用的禁忌语，因为这些话语容易在有意或无意中对客户造成伤害，使抱怨升级。

找到客户流失的原因

是什么导致了客户的流失？原因很多。从销售的角度来看，客户的需求不能得到切实有效的满足，往往是导致客户流失的最关键因素。

具体来说，客户的流失主要有以下几种情况。

1. 当初的承诺得不到兑现。没有任何一个客户愿意和没有诚信的销售人员长期合作。有些销售人员喜欢向客户随意承诺，结果又不能兑现，失信于客户。一旦有诚信问题出现，客户往往会选择离开。

2. 服务意识淡薄。很多销售人员只顾着开发新客户，却忽略了对老客户的维护，长时间不和他们联系。客户提出的问题不能得到及时解决、咨询无人理睬、投诉没人处理，这直接导致客户流失。

张先生用的都是某品牌的空调，很少出现故障，不料前几天空调坏了，电话好不容易接通，但是企业的销售部门与服务部门相互推诿，结果问题一直没得到解决。最后张先生发誓再也不用那个品牌的电器了。

3. 客户遇到新的诱惑。市场竞争越来越激烈，但客户毕竟是有限的，为能够迅速在市场上获得有利地位，竞争对手往往会不惜代价以优厚条件来吸引客户。"重金之下，必有勇夫"，客户"变节"也不是什么奇怪现象了。

销售人员一定要明白一点，你的主要竞争对手会对你的大客户动之以情，晓之以理，诱之以利，以引诱他放弃你而另栖高枝。任何一个品牌或者产品都有软肋，竞争对手往往最容易抓到你的软肋，一有机会，就会乘虚而入。

4. 情感沟通不到位。销售人员在一些细节问题上的疏忽，往往也会导致客户的流失。很多销售人员与客户缺少感情的交流，表现得太功利，甚至在一些细节上无意中伤害了客户。

通过以上分析，可以找到客户流失的原因所在。至于如何防范，销售人员结合自身情况"对症下药"才是根本。

实施回访，建立长久合作关系

无论客户购买了产品还是服务，销售人员都应通过电话等方式适时回访，对合同的履行情况进行核对、监控等。向客户征询反馈信息，这既是对客户负责的表现，也会让客户感受到你的关心与重视。

销售人员：亲，您好。我是××童装店的销售人员小柔，想跟您确认一下订单的执行情况，您现在方便吗？

客户：方便！

销售人员：您在我家订购的三件上衣、一条裤子，我们在上周五的晚上就发货了。今天应该到货了，您收到了吗？

客户：早上刚收到的，谢谢了。

销售人员：那您对我们的服务是否满意？衣服没有什么损坏吧？

客户：挺满意的，衣服质量也不错。谢谢！

销售人员：谢谢您的赞许，如果孩子穿着好的话，请您别忘记给个好评啊！

上述案例是网店销售人员进行的回访场景，主要是确认客户所购衣服是否到货以及客户的满意程度，得到了客户的赞许。实际上，交易达成，销售人员应及时回访客户，向客户征询反馈信息。具体的内容包括客户所购货物有没有及时到达、是否安全抵达、客户是否对产品满意、上门安装人员是否已到场等有关合同的履行情况。在沟通时，销售人员要态度认真，对各事项的核对一丝不苟；语言要亲切，要让客户感觉到你的关心、关注以及对这次交易的重视。

经常用到的话语有："李总，咱们约好今天我们的技术人员上门给您安装 OA 系统，现在人到了吗？""张总，今日培训的现场效果如何？有什么需要改进的地方吗？"交易达成，销售人员应及时通过电话等方式进行回访，征询反馈信息、核对交易事项、询问客户感受等，只有赢得客户的好感才能建立长久的合作关系。

创意展示，刺激客户购买欲

在如今竞争激烈的市场环境中，谁的产品展示与众不同，谁的产品吸睛能力强，谁就有了销售成功的胜算。因此，销售人员要多动脑筋、多思考，设计一个独特的产品展示方案。

某电器城内，一个展台旁围了很多人，不时听见有人惊呼："哎呀，太厉害了！"这句话吸引了更多的人前去围观。原来展台上是吸尘器的销售展示：

在一个注满水的水槽内，放一个高达两米的透明水管，水管的另一端，有人拿着吸尘器，不时地把水槽内的水通过水管吸起1.5～1.8米高。这样的展示一下子就吸引了人们的注意力，很多客户看到这种"强劲吸力"后被"迷倒"，纷纷当场掏钱购买。不一会儿，价值1200元的吸尘器就卖出了20多台。

在实际的产品展示过程中，创意展示加上有创意的语言，那就更精彩了：

两块钱，又不多，到不了美国新加坡；两块钱，又不贵，买贵了还包退；来回走就来回转，剪刀自然就磨快；往前推往后拉，等于把技术学到家；又方便又安全，一用就是三五年。不累胳膊不累腰，就当做了健美操；闲时买来急时用，半时想买碰不到，一犹豫呀一徘徊，用时想买买不来；一分钟就60秒，大刀小刀都磨好。要多快就有多快，这样的生活才自在。

市场中，卖磨刀器的销售人员一边演示产品的使用方法，一边念叨着上面这段有趣的说辞，路过的大爷大妈愿意掏两块钱买下它，就冲这独具匠心的演示语言。

总之，创意展示就是无声的语言，不仅能让客户眼前一亮，还能增加客户对产品的了解，留下深刻的印象，甚至能刺激客户当场购买。产品展示，如何说、怎样做才算有创意呢？

1. 销售人员不妨先想想：客户喜欢什么方式的产品展示呢？客户最关心产品的哪方面功能呢？我应展示产品的哪一面呢？只有站在客户的角度设计展示方案及语言，才会有效果。

2. 有创意的、精彩的产品展示是精心设计出来的。销售人员可借鉴同事、同行的经验教训，结合客户的想法与心理，设计出独具特色的产品展示方式，独辟蹊径更能吸引眼球。

3. 产品演示时，销售人员应将那些紧扣客户需求的、主要的、区别于竞争产品的卖点展示出来，不要面面俱到，贪多必失。

4. 展示语言的设计要富于幽默、有节奏感、精辟，而且要结合展示动作。

5. 展示时，如果能邀请客户参与，让客户亲身体验、亲自操作等，也会取得良好效果。

常用话语如："×先生/女士，我需要您帮助我进行产品演示，您看可以吗？""先生们，女士们，喝我的请举手，不喝我的请倒立。"（某品牌饮料促销现场）

产品展示怎样才能抓住客户的好奇心呢？不走寻常路，一个富于创意的产品展示有时会胜过千言万语。

·第十章·

只要不害怕，订单能拿下（上）

　　作为一名销售员，必须在外在形象上给人留下良好的印象，让客户一看到你就愿意听你说话，愿意买你的东西，敢于信任并接受你的建议。很多时候，客户在决定是否购买产品时总会陷入犹豫不决的境地，这时销售员所表现出来的自信和专业程度就成了客户下决心购买的主要推动力，所以使自己的外在形象和言行变得自信和果断是十分重要的。

自卑是阻碍成功的绊脚石

有人说，销售工作是所有白领工作中失败率最高的一种工作，许多销售人员之所以销售失败，做不出业绩，就是因为对自己缺乏足够的自信。在这种情形下，他们很难发挥出自己的最佳水平，当然也就很难让客户相信他们。可以说，自卑是销售人员的大敌，是阻碍他们成功的绊脚石。

一位先哲曾经说过："自信是走向成功的敲门砖。"很多销售界人士也说，培养坚定的自信心是销售人员迈向成功的第一步。

美国人寿保险公司曾作过一个试验，它从报考销售人员的落选考生中，聘用了十个考分稍低但充满自信的人。一年后，他们比同行中那些考分高但做事态度消沉的人的销售成绩平均高出10%。

吉尼斯世界销售纪录创造者乔·吉拉德可以说是销售界的精英。当初他去应聘汽车销售人员时，经理问他："你销售过汽车吗?"吉拉德回答说："我没有销售过汽车，但我销售过日用品、家用电器。我能成功地销售它们，说明我能成功地销售自己。我能将自己销售出去，自然也能将汽车销售出去。"

齐藤竹之助是日本大器晚成的销售大师。1952年，年满57岁的齐藤竹之助由于生活落魄，进入一家保险公司从事保险工作。到他72岁退休的时候，共完成了4999件保险业务。

进入保险公司后，齐藤竹之助的第一笔生意来自东邦人造丝公司，这家公司在当时的日本颇有盛名。齐藤竹之助之所以选择东邦人造丝公司有两个原因：一是这家公司的实力雄厚，生意一旦做成就是个大单；二是这家公司的经理佐佐木先生与齐藤竹之助颇有交情。

与佐佐木见面后，齐藤竹之助诚恳地对他说："我不知道自己选择贵公司这么大的企业，是不是有点自不量力，但我确实需要一大笔钱来开创和发展自己的新事业。另外，我觉得人寿保险本身对个人和社会都是极其有益的，这是很有意义的行业，我由衷地热爱并希望自己能够做好。"

齐藤竹之助的肺腑之言让佐佐木很受感动，他对齐藤竹之助说："好的，我会尽力帮助你。只是在这件事情上，我说了不算，我们的总务部长才能做主。我会把你引荐给他，由你自己来向他介绍有关的事情。"

见到总务部长之后，佐佐木介绍说："这是我的好朋友齐藤竹之助，他希望能有机会和您好好谈谈。"说完便告辞了。齐藤竹之助对总务部长说明了大致情况，也立即告辞。

走出总务部长的办公室，齐藤竹之助暗自欢喜。虽然只是迈出了第一步，可是他觉得成功还是很有希望的。就在这时，齐藤竹之助被大楼的门卫老人叫住了，老人热心地问道："老先生，您是不是也来销售保险的？"

齐藤竹之助着实吃了一惊，忙问："难道还有别人来销售吗？"

老人神秘地说："不知您是否看到那辆凯迪拉克了？知道它的主人是谁吗？他是第一人寿保险公司的金牌销售人渡边幸吉。他今天也是来销售保险的。所以，您的事情不太好办呐。"

老人的一番话顿时浇灭了齐藤竹之助心中刚刚燃起的希望之火，他的神色一下子暗淡下去。渡边幸吉在当时已经极负盛名，号称"日本第一"的保险业务员，而自己初涉保险业，怎么可能与他相比呢？

一路上，齐藤竹之助沮丧不已。可回到公司，齐藤竹之助的倔劲又上来了。他为自己打气说：试都还没有试，怎么能不战而败呢？虽然我只是个新人，可我不一定比渡边幸吉差劲。

齐藤竹之助暗自下决心，一定要打赢这场仗。

从那天起，齐藤竹之助开始全力以赴地收集资料、设计方案。他废寝忘食地工作，想要战胜渡边幸吉。他一次次地否定自己的方案，再重新完善。就这样反反复复修改了很多次，最后他终于完成了设计。

这天一大早，齐藤竹之助带着倾注着自己全部心血的计划书去见总务部长。齐藤竹之助很认真地对总务部长说："这是我这段时间经过反复研究为贵公司制定的保险计划，希望您能过目。虽然我只是保险业的一名新手，可是我觉得这份为贵公司量身定做的保险计划并不比别人差。希望您能在百忙之中抽空看一下，谢谢您了。"

从此，齐藤竹之助每天都要到东邦公司打听自己的计划是否被采纳或者有没有需要修改的地方。去的次数多了，大家也都被他的精神感动了。就连那位热心肠的看门老人也见他就说："凭您的勇气和耐心，一定能成功的。"

工夫不负有心人，齐藤竹之助的真诚和责任心终于打动了总务部长。

这天，当齐藤竹之助再次来到东邦公司的时候，总务部长笑着对他说："齐藤先生，你是我见过的最热心和诚恳的销售人员。我仔细研究了你的计划，感觉很满意。因此，公司经过会议讨论，决定与你签 2000 万元的合同……"

齐藤竹之助激动得说不出话来，辛苦总算没有白费。他不但战胜了"凯迪拉克"，也战胜了自己。

齐藤竹之助成为最后的胜利者，除了佐佐木的引荐，更主要的还在于他自己的诚恳勤奋和在保险业上的悟性，但这些都归功于一个前提，那就是他的自信。在一个大的客户公司和庞大的对手面前，齐藤竹之助没有看轻自己，自信心让他如愿以偿，笑到了最后。

事实上，在销售人员销售失败的原因中，有15%的原因是不适当的商品及销售技巧训练，20%的原因是差劲的言辞与书面沟通技巧，35%的原因是不良的或有问题的管理阶层，50%的原因是态度消极。

小王是某公司新来的一个业务员。有一次，他需要去拜访一位客户，去之前就听同事说该客户是一家大企业的老总，为人很严肃，而且经常动不动就会发脾气，是很难对付的。于是小王开始担心，害怕客户为难自己，或者把自己骂出来，那多难堪啊。他越想越害怕，甚至想要放弃，但是已经和客户约定好了见面，不去也不行。

在去客户家的路上，小王心里一直忐忑不安，设想了各种可能出现的情况，心情变得越来越沉重。终于到了客户家的门口，这时小王连敲门的勇气都没有了，伸出来的手还在不停地颤抖。这时门突然打开，原来是主人想看看销售人员到了没有，正好碰见了，于是小王就跟着主人进了屋。

客户对小王很客气，也没有别人说得那么严肃，但是客户越是热情，小王越是紧张，最后连自己说什么都不知道了，客户见小王是如此的表现，心里很不满意，就找了个理由让他离开了。这笔生意当然没有成功。

小王就是因为胆怯而导致自己表现欠佳，致使客户不满而使交易失败。这主要是由于小王个人的心理素质不高，受到了别人言论的影响。当别人说客户很严肃、不好对付的时候，小王的心里就产生了焦虑情绪，害怕自己做不好，这种心理暗示愈演愈烈，使小王无法正常地看待问题。

　　杰夫·荷伊开始做生意不久，就听说百事可乐的总裁卡尔·威勒欧普要到科罗拉多大学来演讲。杰夫找到为他安排行程的人，希望能找个时间和他会面。可是那个人告诉杰夫说，总裁的行程安排得很紧凑，顶多只能在演讲完后的15分钟与杰夫碰面。

　　于是，在卡尔·威勒欧普演讲的那天早晨，杰夫就到科罗拉多大学的礼堂外等候这位百事可乐的总裁。

　　卡尔·威勒欧普演讲的声音不断地从里面传来，不知过了多久，杰夫猛然惊觉，预定的时间已经到了，但是他的演讲还没有结束，已经多讲了五分钟。也就是说，自己和威勒欧普会面的时间只剩下十分钟了，他必须当机立断，作个决定。

　　于是，他拿出自己的名片，在背面写下几句话，提醒卡尔·威勒欧普说：您下午两点半和杰夫·荷伊有约。然后他做个深呼吸，推开礼堂的大门，直接从中间的过道向他走去。

　　威勒欧普先生本来还在演讲，见他走近，便停了下来。杰夫把名片递给他，随即转身从原路走出来，还没走到门边，就听到威勒欧普先生告诉台下的观众，说他迟到了，他谢谢大家来听他演讲，祝大家好运。说完，他就走到外面杰夫坐的地方。

　　此时，杰夫坐在那里，全身神经紧绷，连呼吸都好像停止了。

　　威勒欧普先生看看名片，又看着他说："让我猜猜看，你就是杰夫。"这样，他们就在学校里找了一个地方，畅谈了一番。

　　他们谈了整整半个小时。威勒欧普先生不但告诉了杰夫许多精彩动人的故事，而且还邀他到纽约去拜访他和他的工作伙伴。不过，他送给杰夫最珍贵的东西还是鼓励他继续发挥先前那种大无畏的勇气。他说，在商业界或者其他任何地方，所需要的就是勇气，你希望做成什么事的时候，就需要有勇气来采取行动，否则终将一事无成。

　　心理学家研究发现，人们在没有经历一些事情的时候，总是会首先对自己形成一种心理暗示，比如把一块宽30厘米、长10米的木板放在地上，人们可以轻易地从上面走过去，但如果把这块木板放在高空中，很多人就会因为害怕而不敢迈步。这时候，人们往往会形成一种自我暗示：我会掉下去的。在这样的暗示作用下，人们就会感到恐惧，害怕自己真的掉下去，虽然事实并没有发生。

　　可以说，使销售人员产生怯场心理的原因既有自身的因素，也有环境的因素。因此，这就需要销售人员既要提高自身的心理素质，又要做好销售前的一切准备，让自己做到心里有底，这样就不会那么紧张和害怕了。所以，销售人员要苦练基本功，充分掌握销售知识，对自己所要销售的商品了如指掌，并对相关的信息有所掌握，同时还要提高分析问题和解决问题的能力，以积极应对各类客户和各种情况。不仅如此，还要对销售这份工作实事求是，不好高骛远，对待因工作产生的压力要学会排解，学会转移兴奋点和注意力，使内心平静，消除杂念和干扰。从容地应对一切，让自己告别怯场，勇敢而自信地开始销售工作。

预约客户也是一项基本功

预约客户可以说是销售人员必备的一项基本功，这项技能掌握不好，销售人员在销售中就会因为自己的鲁莽而失去潜在的客户。不管人们在想什么或者做什么，都会提前进行安排，这需要有一个心理准备的过程，从而有一定的反应时间。如果突然降临，会让人们一时之间手足无措，造成心理上的不安。因此，销售人员千万要注意这一点，学会为客户提供预约服务。

销售人员可能都会有这样的体验——那就是很多客户都难得一见，特别是想要到客户的家里或者办公室去谈生意，当销售人员提出这样的要求时，得到的往往只是对方的拒绝。而贸然地提出到客户那里谈生意是很不礼貌的行为，而且也会引起客户的反感。所以，销售人员要学会尊重自己的客户，善于和客户进行预约服务。可以说，当你成功地完成了预约时，那就意味着你已经向胜利迈进了一大步。

一般来说，预约老客户可能会比较顺利，而对于从未谋面的新客户来说就会比较困难，这时销售人员进行预约，最好先不要提及销售的事情。如果客户听到你说与他见面只是为了销售，那么就很容易引起客户的抗拒心理，从而遭到拒绝。所以，当客户问你找他有什么事情的时候，销售人员可以不要谈生意的事情，要为彼此能够见面、能够认识、能够简单地进行交流、能够引起客户的兴趣奠定基础，这样才能达到预约的目的。

只要有机会和客户见面，就有机会向客户销售商品，所以销售人员不要急于求成，要知道在这样的时刻，特别是面对新客户时，能够先不谈业务，而获得与客户见面的机会，要比直接进行销售而遭到拒绝划算得多。

　　另外，和客户有约见机会，销售人员就应对约见事由作些准备，以便清楚地向对方说明来访的目的，期望取得合作。销售人员在约见客户时，必须选择不同的事由，以适应不同客户的心理要求，充分尊重客户的意愿，以便取得客户的长期合作。只要约见的事由充分，销售人员的心意诚恳，就一定会得到客户的赞同。

　　对于销售人员来说，进行"销售预约"既能够表现出自身应有的礼貌和素质，又能够设下悬念，引起客户的兴趣，还可以化解客户的抗拒。对于客户来说，预约服务可以给自己节约时间，使自己作好一定的心理准备。彼此在约定的时间里见面并洽谈，都珍惜见面的短暂的机会，从而使销售人员能够认真地对待，而客户也会认真地倾听，最终收到十分明显的效果。

　　晓红是一位优秀的人寿保险销售人员，在与某公司的张总成功地签过一笔单子以后，那位张总又给她介绍了自己的一位姓杨的朋友，也是一家公司的经理。几天以后，晓红开始通过电话来预约这位客户。

　　晓红：您好杨经理，我是晓红，您是张总的朋友吧？他让我向您问好。

　　杨经理：是的。

　　晓红：杨经理，我是人寿保险公司的销售人员，张总建议我结识您。我知道您很忙，我能够在这周的某一天打扰您五分钟吗？

　　杨经理：你找我有什么事情吗？不是想销售保险吧？已经有很多销售人员找过我了，我不需要买保险。

　　晓红：那也没有关系，我保证不会向您销售保险。明天十点，您能给我五分钟的时间和您见面吗？

　　杨经理：那好吧，但是十点半我还有别的安排，希望你不要超时。

晓红：好的，您放心，我保证不会超过五分钟。

杨经理：好吧，你能准时十点十分到吗？

晓红：谢谢，我一定准时到达。

第二天，晓红准时到达了杨经理的办公室。晓红和杨经理边握手边说："杨经理很忙，时间是很宝贵的，所以我一定会遵守五分钟的约定。"于是，晓红尽量简短地向杨经理进行了提问。五分钟时间很快就过去了。这时晓红说："时间已经到了，您还有什么要告诉我的吗？"

杨经理在接下来的十五分钟里，才把晓红想知道的一切都告诉了她，而且完全是自愿的。之后，晓红又找时间和杨经理谈了几次，结果晓红很快就说服了杨经理，与他签订了一个200万元的大单。

晓红就是一个善于预约的销售高手，仅用五分钟的时间就让客户主动延长了彼此的谈话。她信守承诺，成功地完成了第一次见面，不仅获得了最有用的信息，还给客户留下了美好的印象，所以最终成功地实现了销售。

因此，预约不仅是一种销售必须的程序，其中还暗含着很多的心理技巧，只有仔细琢磨客户的心理，顺势而动，才能够抓住客户的心，使客户向你敞开心扉，接受你的产品。

有人说，预约客户的方法只是比较适合那些经常出去拜访客户的销售人员使用，而对那些在店里站柜台，或者在办公室联系客户的销售人员则是不适合的。其实不然，不出去拜访客户的销售人员也可以进行预约。前者是预约自己去见客户，后者则可以预约客户来见自己。很多销售人员可能会有这样的疑问："客户怎么会自己走进我的办公室啊？""让客户来见我，那岂不是太高抬我了吗？"

其实不然，曾经有一位很优秀的销售人员说："我在办公室完成了65%的工作，我总是把我和客户的谈话安排在办公室，在这里和客户谈话，不会受到干扰，可以进行得更快、更令人满意。"事实上，很多时候客户也是喜欢这样的方式的。

有一个服装店的老板，因为他讲求诚信，对顾客服务周到，受到了很多顾客的青睐，生意很是红火。但是后来，由于周围的服装店开得越来越多，生意开始变淡，甚至有时候收入都不够交店面的租金。这样的状况让服装店老板心急如焚，这时，店里的销售人员给他出了个主意，就是预约客户。

于是老板买了一个预约登记本，打电话给自己的老客户们，并为他们作了详细的预约记录，有的新客户也被列入其中。一旦店里有什么新货，或者有的客户已经十天半个月没有光顾，他就会打电话问候并告知客户。随着预约服务的开展，他的生意很快又红火起来。因为这样做，客户在家就能够了解到最新的商品信息，还节约了时间，所以很喜欢这种方式。

预约客户是销售人员应该长期坚持的一种习惯，不仅要预约自己去拜访客户，也可以预约客户来接受服务。只要你能够给客户提供方便，客户就会比较容易接受。同时在预约时要注意在心理上给客户以吸引，让他主动地表达自己的想法，使你获得更多有用的信息，帮助自己顺利地开展销售。

其实，预约不仅是一种温馨的提示，更是一种细致的关怀，会深深地触动客户的心灵。销售人员不能为销售而销售，而是应该注重对客户的服务，只要你给客户带去了便利，客户自然会购买你的商品。要记住，预约是打开客户心门的一把金钥匙，销售人员一定要应用好。

销售人员要学会心平气和、踏实稳重

在生活中，有很多性子急的人，他们做事风风火火，过分追求数量和效率。但由于急于求成，考虑问题不仔细、不周全，很容易出现疏漏和错误，同时也给别人造成压力，引起别人的不满。对销售人员来说，如果过于急躁，也会影响自己的业绩。作为销售人员，一定要学会心平气和、踏实稳重。

一位有经验的销售人员曾经说过，销售工作没有什么捷径，在销售过程中保持平和稳重和不失风度，才能够赢得客户的赞许。正所谓干什么事都得一步一个脚印地走，无论做什么工作，都要记住，稳中才能求胜，过于急躁反而会漏洞百出，即使得到一时的利益，也会对长远的发展造成不良的影响。

在实际销售工作中，抱有急躁心理的销售人员不乏其人。很多销售人员在工作时心急火燎，总是希望能够尽快和客户签单，一旦客户迟疑一点，销售人员就开始沉不住气，对客户一催再催，这样不仅容易引起客户的反感，还会对今后的合作产生不利的影响。况且，以这种态度对待客户不仅不正确，更是不礼貌的。客户之所以没有马上签订合约，也许是有着自己的考虑和安排，作为销售人员，应该学会耐心等待，一方面是对客户的尊敬，另一方面也表现出自己的稳重，同时也会避免在销售过程中出现不必要的错误。

做销售工作需要耐心，不可能一蹴而就。情绪急躁的销售人员，做什么事情都不能冷静沉着，他们做事缺乏计划性，经常会颠三倒四、手忙脚乱，结果是什么也没少做，却什么也没有做成，反而更容易着急上火，形成恶性循环。虽然说做工作需要有紧迫感，不拖拉、不延缓，但要急中有细，快中求稳，按计划一步步地实施，而不是要省略过程，直接追求结果。

从更大的角度来看，急躁不仅不能成事，反而会误事，更有可能会使人因为急于求成而不得，进而走向消极，甚至灰心绝望。毕竟，在销售过程中，不会每次都那么顺利，遇到困难和挫折是难免的，如果一味求快，只会事与愿违。

戴夫·多索尔森是美国著名的销售专家、培训大师，被誉为"创造性销售"的创始人。

当戴夫·多索尔森还在从事广告销售工作的时候，他所在的公司遇到了一位很难对付的潜在客户，许多销售人员都在他那里碰了钉子。可是，戴夫·多索尔森天生喜欢挑战，喜欢把那些不可能都变成可能。这天，他决定去找这位令大家都不抱希望的客户谈谈，他想试试自己的运气。

拜访之前，戴夫·多索尔森详尽地调查了这位客户的相关信息，了解到该客户的公司主要生产家具，在产品推广上一般采用直销策略。即使会选择作广告，也是多选用平面媒体，一年会在其中投入几万美元，而该公司对于电视广告的投入，每年一般不超过1000美元。

经过一番努力，戴夫·多索尔森终于获得了与这位客户面谈的机会。

见面后，尽管戴夫·多索尔森说得口干舌燥，可该客户却始终听而不言。直到戴夫·多索尔森说完，他才开口道："年轻人，听了你的长篇大论，我真的是一点兴趣都没有。很抱歉，我是不会跟你们合作的，别把时间浪费在我身上了。"

戴夫·多索尔森仍不甘心："先生，如果我能制订出更好的计划，您是不是还会见我？"

"你太有趣了，小伙子。如果你真的会有更好的点子，我乐意再次倾听。"

戴夫·多索尔森从客户的办公室一出来，便暗自发誓一定要拿下这位客户。他计划每周向这位客户介绍一个新的构想，直到对方满意为止。

从此以后，戴夫·多索尔森每周都带着自己的新计划来公司见这位客户，而且每次只向客户介绍15分钟，时间一到便起身走人，从不多耽搁对方一点时间。尽管客户一直不满意戴夫·多索尔森层出不穷的新计划，但是因为他经常来公司交谈，使他对该公司的经营以及对家具行业方面的讯息有了更多的了解，进而使他的计划更有针对性，更符合该公司的情况。

戴夫·多索尔森为了找灵感，还查遍了电视台的所有广告词，并耐心地向制片人请教，请他们帮助拍摄制作片花。他像着了魔一样，把大部分精力都放在这件事情上，他用一股不服输的劲头一直坚持着。

终于有一天，戴夫·多索尔森和一位广告制片人一起看一盘录像带，是一位摄影师随便拍摄的。因为这盘录影带是有关家具店的，这位广告制片人认为会对戴夫·多索尔森有一些启发。录像带的前面部分只是一些普通的画面，可是当出现家具店的标志时，却看到了制片人用电子手段给这个标志做出了一个像彗星般缓缓移动的尾巴。这个画面让戴夫·多索尔森激动不已，他急忙打电话给家具店的老板，约他来看录像带。

看完录像带后，这位难以对付的老板终于吐出了几个字："好，这个方案我接受。"

从第一次上门拜访该客户到他说出这几个字，戴夫·多索尔森花了整整一年半的时间，而且在这么长的时间里，他坚持不懈地每周去拜访并且不断提出新的建议。值得欣慰的是，戴夫·多索尔森的努力为他带来了丰厚的回报。因为，他不仅为电视台赢得了一个大客户，同时也为自己挣得了一大笔佣金。

戴夫·多索尔森此次的成功不能说是一帆风顺的，甚至还颇费周折，但他用最终的成功证明了自己辛苦的价值。

销售人员应该明白，很多时候，在销售工作中急于求成，不顾一切地蛮干，只会让事情变得更糟糕。而冷静客观地分析情况，根据不同的对象分别对待才是聪明的做法。客户有时候需要仔细地思考，认真地对比，深入地权衡才会作出最后的决定，所以，销售人员要给客户思考的时间，不要反复催促，以免引起客户的反感。最合适的做法是：调节自己的情绪，以稳重的姿态来赢得客户的信赖。

赵刚是商店的销售人员，他是个争强好胜的人，希望通过自己的努力做出好的成绩，所以平时工作很认真，还因为业绩突出，荣登过商店的销售光荣榜。后来，商店里来了几个优秀的销售人员，业绩很突出，在赵刚之上。于是，他心里有些不服，想要超过他们。这样的想法无疑是好的，但是表现在行动上，赵刚就显得有些急躁。每次有顾客光临，赵刚总是忍不住希望顾客能够立刻购买自己所负责销售的商品，他总是不停地催促顾客，反而让顾客感到心烦厌恶，本来打算购买，也因为生气而匆匆地离去了。

这样，赵刚看着自己的业绩每况愈下，心里更是着急，在销售中手忙脚乱，还是忍不住一遍又一遍地催促顾客购买，如果顾客拒绝，他就会很生气。慢慢地，赵刚开始变得脾气暴躁，动不动就想骂人，在工作中也是经常出错，比如给顾客拿错东西，少找顾客的钱等，引起了顾客以及同事的不满。最后，因为顾客的投诉太多，商店不得不让赵刚先回家休息一段时间。

欲速则不达，赵刚的急于求成，使他错误百出，不仅没有提高业绩，反而严重影响了工作，得不偿失。

从赵刚的故事中我们可以看到，虽然说工作需要快节奏，但是工作的秩序还是应该保持，而不应该被打乱的。急躁就会出错，凡事急于求成，会导致销售人员情绪紊乱、心态失衡，在工作收益上也会入不敷出，使销售人员得不到内心渴望的收获。

而且，容易急躁是一种不良的情绪，对销售人员的工作能产生诸多负面的影响，因此，销售人员要调整自己的心态，在工作时，要保持冷静和慎重，三思而后行，既不鲁莽上阵，也不半途而废。在销售的过程中，要给客户充足的考虑时间，不要一味地急于销售，不断地催促。要注意工作的节奏，培养行为的计划性和合理性，保持一颗平常心，从容地应对自己的工作。

此外，销售人员要适时地进行自我暗示，提醒自己要冷静点，急躁只会把事情弄得更糟，从而控制自己的情绪，使自己的急躁情绪在一定程度上消除或淡化，使自己恢复平静的情绪，以避免因情绪急躁引起不良的后果。即使客户拒绝，也不要感情用事，对客户发脾气或者出言不逊，使自己受到客户以及旁观者的指责和批评，最终失去很多潜在的客户。

总之，销售需要从容，急躁只会功亏一篑。对于享受销售的人来说，销售过程应该和享受生活一样是从容不迫的。在销售中，销售人员要有足够的耐心，才能冷静地应付各种场面，化解各种危机，使自己在销售过程中游刃有余，取得可喜的销售业绩。

用眼神和手势打动客户

有人作过统计，肢体动作和表情，也就是人们通常所说的肢体语言大约占整个销售技巧的67%，所以，只要能够掌握良好的肢体动作和表情，就等于拥有了更多的销售力。肢体语言之所以在整个销售技巧中占如此高的比例，主要的因素是因为肢体语言能活泼地展现商品和销售者之间的互动力，能够对客户较快地产生一种心理暗示，进而让人能较快地接受你的观念和想法。

随着人们生活节奏的加快，销售人员在与客户见面的时候，客户往往没有太多时间来了解销售人员本身是一个什么样的人，很多人所产生的感觉和认知都是通过短暂的接触来确定的，所以，能够用眼神和手势打动客户就显得极其重要。

俗话说，言为心声，相为心生。心善的人一定能够在面相上表现出来。一个动作，一个眼神，一个微笑，能够传递出不同的精神状态，并给客户留下深刻的印象。同理，当你把友善与微笑写在脸上时，无形中对方就会认为你是从内心里喜欢自己的客户。正如"销售之神"原一平所说，笑能拆除你与准客户之间的"篱笆"，敞开双方的心扉。只有这样，双方才有可能坐席而谈。

对于销售人员而言，将和善的表情展示给客户，实际上是对客户作了一个心理暗示，这种暗示能缓解紧张陌生的气氛，拉近彼此的距离。就像有人所说，"形象如同天气一样，无论是好是坏，别人都能注意到，但却没有人告诉你。"同样，销售人员的这种友善的态度，也会得到客户的同等反应。

威廉·怀拉是美国推销保险的顶尖高手，年收入百万美元。他成功的秘诀就在于他拥有一张令顾客无法抗拒的笑脸,但他那张迷人的笑脸并不是天生的,而是长期苦练出来的。

威廉原是全美家喻户晓的职业棒球明星球员,到了中年,因体力日衰被迫退役,然后他去应征保险公司的推销员。

他本以为凭着自己的知名度,被录取应该不是什么难事儿,却没想到竟被拒绝了。

人事经理对他说:“保险公司的推销员必须有一张迷人的笑脸,而你却没有。”

听了经理的活,威廉没有气馁,他立志苦练笑脸,每天在家里放声大笑上百次,邻居们都以为他因失业而发神经了。后来,为了避免误解,他干脆躲在厕所里大笑。

经过一段时间的练习,他又去见经理,可经理说还是不行。

威廉毫不泄气,仍旧继续苦练。他搜集了许多公众人物迷人的笑脸照片,贴满屋子,以便随时观摩。他还买了一面比身体还高的大镜子,摆在厕所里,每天进去大笑几次。

过了一段时间,他又去见经理,经理冷淡地说:“好点了,不过还是不够吸引人。”

威廉不认输,回去继续练习。有一天,他在散步时碰到社区的管理员,很自然地笑了笑,和管理员打招呼。管理员对他说:“怀拉先生,你看起来跟过去不太一样了。”

这句话使他信心大增,他立刻又跑去见经理。这次,经理对他说:“是有点意思了,不过那仍然不是发自内心的笑。”

威廉不死心,又回去苦练了一段时间,终于悟出“发自内心,如婴儿般天真无邪的笑容最迷人”,并且练成了这张价值百万美元的笑脸。

在销售过程中,销售人员是通过自己的言行来传递信息的,如果传递出的是错误的信息，也会无形中对客户产生错误的暗示，这样，就会影响销售效果。如果注意不到，往往犯了错误还不自知。经验丰富的销售人员都知道，如果在销售中采用双手抱胸的姿势，不论是站着还是坐着，只要采用了这个姿势，就会对客户产生一个心理暗示，那就是你不相信别人的存在，是在告诉对方，你有不服气的心理。同时，这个姿势对销售人员自身也有一个心理作用，如果长时期地习惯于这个姿势，不仅猜疑心会加重，同时也会使自己产生过于固执己见的毛病。更主要的是，这样的肢体语言还会显示在不当的人际关系之中。一般来说，经常不自觉地双手抱胸很容易在人群中被排斥，同时也会使销售能力受到限制。

除了手势，眼神也很重要，一个眼神有时候可以决定一场销售的成败。有这样的人，他们在做销售的时候，往往不是从正面看对方，而是由下向上看，而且眼睛向上吊着看。这种眼神会对客户形成这样一个心理暗示，那就是表明你对客户有所怀疑并且鄙视，这样会让对方的心里感到很不舒服。而相反，如果正视对方的目光，就会产生另一种完全不同的心理暗示效果，它表示信心坚定而且态度诚恳，能帮助销售人员取得较好的销售结果。

还有的销售人员习惯于在面对客户交谈时，跷着二郎腿，这也是很不好的一个习惯。这种行为传递给客户的一个心理暗示就是态度很傲慢，而且生活习惯不端正。从行为学的角度来看，坐着时跷着二郎腿虽然代表自信与专业，但是过度的自信容易变成自夸，说起话来很容易夸大其词，不切实际，很难取信于人，更不用说提高销售率了。

因此说，许多不经意的动作和眼神，虽然都是一些细节，但是却能够给客户留下或者积极或者消极的印象，对销售工作会有很大的影响。此外，生活中许多动作也能够产生不好的心理暗示，值得销售人员注意。例如：

坐姿摇摆不定。有些办公用的椅子是旋转式的设计，销售人员如果坐上了这种椅子，就会左右不停地摇摆，结果，客户的订单就很容易被摇掉。因为坐姿不稳定就会给对方留下你缺乏耐心与毅力的印象，做事容易虎头蛇尾、毅力不足。这样的话，客户自然不愿意相信你的售后服务，所以成交的概率就不高了。

无语露齿做出怪模样。在与客户沟通时，除非有必要说话，否则就不要随意张嘴，千万不要出现嘴唇上张或是无语露齿的模样，因为这样不但会让正在说话的客户分神，更会让客户认为你是一位是非很多的人，这样，想要博得客户的好感就很是不易了。还有的人，总是习惯于将嘴角歪向一边，这也会向客户暗示出你的自负与不满。所以，要想成为真正有素养的销售人员，这些不良的行为一定要杜绝。

还有的销售人员总是习惯单手或双手托腮，这也是很不好的行为习惯，因为托着下巴听别人说话的姿势不仅不雅观，同时也暗示对方你很疲劳而且不耐烦，同时，还会显示出你的个性是软弱的，并且做事是犹豫不决的。

总之，一个眼神，一个动作，都是销售人员与客户沟通的重要工具，所表现出来的一言一行都会对客户产生不同的暗示作用。因此，在与客户沟通的过程中，如果能够运用好一言一行，对客户进行积极的心理暗示，就会提高工作效率，并且让销售业绩得以提升。

· 第十一章 ·

只要不害怕，订单能拿下（下）

销售员应该明白，遭到客户的拒绝后就情绪低落，对销售工作是没有帮助的，越是被拒绝，越要让客户通过背影看到自己良好的精神面貌，给客户留下深刻的印象。从客户的角度来看，比起那些无精打采的销售员，将自己自信的精神面貌留给客户的销售员更能令人心情愉快。

投其所好，才能事半功倍

不同的客户有不同的特点，因此，对销售人员来说，在与客户沟通时，就需要根据客户的喜好，采取相应的沟通方式，这样才能事半功倍。要想达到更好的销售效果，就需要对客户进行积极的心理暗示，使对方更加容易接受你的产品，更加容易对你产生信任。

可以说，每个人的表达和接受信息的方式都不一样，为了达到最好的销售效果，销售人员就要了解并使用客户喜欢的方式进行沟通。

首先，没有人会喜欢跟没精打采的人打交道，所以，销售人员在跟客户见面的时候，就要保持一种积极向上的精神状态。只有当自己变得百分之百地自信并感到非常兴奋的时候，才能精神焕发地走进客户的办公室。

其次，销售人员最好要面带微笑。一位著名的企业家说："我宁愿雇一个有可爱笑容而连中学文凭都没有的女孩子，也不愿意雇一个板着脸孔的哲学博士。"一位销售精英也说过："当我的眼睛一接触到人时，不管我认不认识，我会要我自己先对对方微笑。"

有人曾经作过统计，在同一个行业的几个同样的店面，货品的摆设和种类都差不多，店内售货员的年龄、长相、穿着打扮也相差无几，可是唯有笑脸相迎的售货员所在的店面生意最好。

有人说，微笑是成功者的秘密武器，因为微笑可以产生一种心理暗示，它会暗示对方你是一个容易亲近的人。微笑还能拉近彼此之间的距离，增强自身的亲和力，从而解除客户的抗拒心理。很多事实也表明，令人感到温暖而又愉快的笑容会带来明显的经济效益。

最后，还要注意双方沟通的环境，因为在不同的环境下，也会产生不同的沟通效果。一般来说，温馨而融洽的沟通环境可以使客户的心理得以放松，使销售工作更顺利。在跟客户沟通的时候，可以选择咖啡厅、酒吧之类的场所，这样会使客户抛弃戒备心理，能更坦诚地与你交流，使销售工作更加顺利。

销售人员在与客户面对面沟通时，首先要尊重客户，要特别关注客户的态度与感觉，要让客户感受到沟通的愉悦，不要以各种方式激怒客户，从而导致客户情绪的不稳定，使销售工作受到影响。

某女士进了一家女鞋专卖店，从中挑选了一款鞋，店员引领她坐下来试鞋，并不厌其烦地替女士找合适尺码的鞋。由于这位女士的两只脚掌尺码不一样大，所以试的鞋总是有一只脚不合适。

于是店员说："看来我一时找不到适合您的鞋，您的一只脚比另一只脚大。"

女士听后很生气，站起来就要走。这时，鞋店经理听到两人的对话后，赶紧叫女士留步并致歉。经理再次请女士坐下来试鞋。没过多久，就卖出去了一双鞋，女士满意地离去。

女士走后，那店员问经理说："您用什么办法让她不生气而且还买了鞋呢？"

经理解释说："我只对她说她的一只脚比另一只脚小。"

只是一个字的差异，却使购买的结果完全不同。其实，销售人员在与客户的沟通中要充分地尊重对方，尤其是当客户自身有缺陷或不足的时候，更不能直言相告，否则会让客户的内心产生极大的反感并影响购买情绪。

在上述案例中，那位经理虽然也把真相告诉了那位女士，但由于考虑到了她的真实感受，而且在沟通时充分讲究技巧，并带有尊重的意味，从而能够获得对方的认可。鞋店经理能够从女士的角度去看问题，所以他的沟通获得了成功。

在一家便利店里，进来了一位顾客，营业员见他走近柜台边走边看，似乎在寻找什么，但又漫不经心，就判断他想买东西但又并不迫切。

营业员于是迎上去，热情地说：

"先生，您想看点什么？我比较熟悉，可以给您介绍介绍。"

"我随便看看。"

"好，您要看什么我给您拿，不买也不要紧。"

似乎是营业员的盛情难却，这位顾客说："请把那套咖啡杯拿给我看看。"

营业员拿过来两套，同时给他介绍了这些商品的产地、特点，还说明其中有一套在目前很畅销，店里只剩下了几套。对方听了，便掏钱买了一套。

临走时，他说："本来我并不打算马上买，只是想顺便过来看看有没有花色好一点的，是你那句'不买也不要紧'使我动了心。"

在日常生活中，我们常常发现，当有顾客上门的时候，营业员马上开始游说，恨不得说得天花乱坠，但是，这样做往往会给顾客带来极大的压力。虽然这样做会使很多顾客在如此"盛情"之下，随便挑一个小商品就匆匆告别，但以后说不定就不再来了。毕竟，这种过于直接而又热情过度的销售方式是顾客比较反感的，有的销售人员以为这是一种成功的营销策略，却不知这是因小失大。要知道，顾客都是喜欢在一种自由轻松的环境里选择和购买自己想要的东西的，因此，要给顾客营造一种宽松的购买环境，才能吸引更多的顾客。

作为销售人员，一定要明白这样的道理，那就是，自己卖的不是产品，而是产品带给客户的利益——产品能够满足客户什么样的需要，能为客户带来什么好处等。客户在没有使用之前，对产品的认识都是抽象的、表面化的，如果销售人员不能把产品的利益变成具体的、实在的、客户可以明确感受到的东西，那么利益就不会变成吸引客户的因素。优秀的销售人员要在了解到客户的个性特点和现实感受后，再以尊重对方的方式去理解、去沟通，这样才能达到良好的沟通效果。

沟通的方式有很多，要选择客户最喜欢的方式去沟通才能取得很好的结果。一般来说，讲故事的方式就是很受客户欢迎的沟通方式。美国纽约"成功动机研究"的主持人保罗·梅耶进行大量研究后发现，优秀的销售人员都会巧妙地利用人们喜欢听故事的兴趣去取悦客户。通过故事，销售人员能把要向客户传达的信息变得饶有趣味，使客户乐于接受，产生兴趣，给客户留下深刻的印象。他说："用这种方法，你就能迎合客户，吸引客户的注意，使客户产生信心和兴趣，进而毫无困难地达到销售的目的。"

其实，销售人员不必向客户展示所了解的所有产品的知识，同样，在作出购买决定前，也没有必要让客户成为相关的专家，因为过多的解释反而让人心里生疑。

通过故事来介绍商品是说服客户的好方法之一。由于故事都倾向于新颖、别致，所以它能在客户的心中留下深刻的印象。当一个销售人员能让产品在客户的心中留下一个深刻、清晰的印象时，就有了真正的优势。

一位玛钢厂销售人员在听到客户询问"你们产品的质量怎样"时，他没有直接回答客户，而是给客户讲了一个故事："前年，我厂接到客户的一封投诉信，反映产品质量有问题。厂长下令全厂工人自费坐车到100公里之外的客户单位。当全厂工人来到客户使用现场，看到由于产品质量不合格而给用户造成的损失时，感到无比羞愧和痛心。回到厂里，全厂召开质量讨论会，大家纷纷表示，今后决不让一件不合格的产品进入市场，并决定把接到客户投诉的那一天作为'厂耻日'。结果，当年我厂产品就获得了'省优'称号。"

销售人员没有直接去说明产品质量如何，但这个故事让客户相信了他们的产品质量。

其实，任何商品都有它迷人而有趣的话题，比如产品是怎样发明的，怎样生产出来的，它能带给客户什么好处等等。销售人员可以挑选生动、有趣的故事，以故事作为销售的武器。一位销售精英说过："用这种方法，你就能迎合客户、吸引客户的注意，使客户产生信心和兴趣，进而毫无困难地达到销售的目的。"

比如，在还不确定顾客真实需求的情况下，品牌是一个最好的谈论话题。有人说，一个没有故事的品牌必然是空洞稚嫩的，而一个缺少品牌故事的销售过程同样是没有说服力的。事实也确实是这样。

"先生，您听过我们这个品牌吗？"

"我们的企业是整个照明行业最早开始实施品牌战略的，拥有整个吸顶灯市场10%的市场占有率，我们这个品牌就是吸顶灯的代名词。您知道为什么我们的吸顶灯销量这么大吗？"

"先生您说得很对，我们的确是靠吸顶灯起家的，其实这只是一个原因，更重要的是我们的老板在创业初期就把我们的品牌定位在'为大多数人提供优质的光环境'上面，而吸顶灯产品最大的卖点就是对光的充分利用。"

这段话巧妙地实现了品牌与产品之间的嫁接，水到渠成地开始介绍起吸顶灯产品来了。这样的话听着亲切，也能引起客户的兴趣，能使客户与销售人员之间达成自然的互动，销售也就不成问题了。但是，有的销售人员不懂得这一点，只是凭借自己的主观意愿就滔滔不绝地展示产品有多么好，多么实用，其实这样不仅不能打动客户，还会让客户反感。

亨利拿着一种新上市的电动剃须刀走进了客户的家门，他仔细地将这种新式剃须刀的一切优良性能都作了介绍。

"剃须刀不就是为了刮掉胡须吗？我的那种旧式剃须刀也可以做到这些，我为什么还要买你这个呢？"很显然，客户希望清楚地了解这种产品或者亨利的这种销售主张能够给自己带来什么样的好处。

"我的这种剃须刀要比以前的性能优良，你从包装上就能看得出来。"

"你的包装精美跟我有什么关系？包装精美的产品有的是，我为什么要选择你的产品？"

"这种剃须刀很容易操作……"

"容易操作对我有什么好处？我并不觉得我原来的很难操作。"

在这个案例中，客户最在意的显然是利益而不是特征，"对我有什么好处"就是客户的利益点。特征是利益的支持基础，利益才是客户追求的根本东西。销售人员亨利一味强调这种新式剃须刀的好用、性能优良，但是，客户一直在问"这跟我有什么关系"，而亨利却对此毫无感觉，喋喋不休地讲述自己的产品包装是如何的漂亮精美，产品有多么容易操作。他不懂得，向用户介绍产品，关键点是介绍使用该产品能给他带来什么好处，哪些好处是他现在正需要的。离开了这一点，再好的产品也不会让客户动心。

总之，不同的环境就会有不同的状态，而不同的状态就会衍生不同的沟通效果，所以用客户喜欢的方式跟对方进行交流十分重要。在与客户沟通之前，销售人员需要选择合适的洽谈场所，整理自己的装束，抖擞精神，保持一个良好的心态，这些都是成功的开始。

自大是盲目自信的表现

不可否认，有的人在控制自己的情绪方面，总是容易走上极端，要么消极悲观、妄自菲薄；要么自高自大、自以为是。这些情绪在销售工作中都是要不得的，妄自菲薄只能让人陷入沉沦的泥潭，盲目自大则会使人走向失败的深渊。

自大是一种脱离实际的盲目自信的表现。自大的人总是觉得自己什么都可以做得比别人好，自己不需要任何人的帮忙。他们虽然有一定的才华和能力，但是却把这仅有的才华和能力无限地放大，说话言过其实、出言不逊，而在真正做事的时候却是眼高手低，力不从心，甚至根本就无法胜任，导致失败而归。

自大的人往往会缺少应有的礼貌，没有谦逊的品质，在人前只会一味地吹嘘自己，浑身透着一股小家子气。盲目自大虽然可能换回别人一时的赞叹，但最终还是会因为名不副实而使自己的名誉受损，成就减半。

无论在什么场合，盲目自大的情绪都是要不得的。从小的方面来说，盲目自大会限制发展；从长远来看，则会断送自己的前程。

自大的人总认为自己是了不起的人，但事实上，他们往往是最没有本事和能力的人，因为有本事的人只会用实际行动来说明问题，而不是仅凭言语来炫耀。盲目自大往往与无知连在一起，因为看不见别人的优点，便过高地估计自己，过低地估计别人。这样的人口头上无所不能，看不起任何人，只有当真正碰上对手时，才知道自己是多么不堪一击。

就像是有的销售人员，在取得一点点成绩之后，就开始心生得意，觉得自己已经无人能及了，于是便总以大师自居，随意指教别人，不管遇到什么问题都说自己能行，只为炫耀自己。可是到真正去解决问题的时候，就无所适从了。

俗话说，人贵有自知之明，只有正确地认识自己，把自己放在合适的位置上，才能更好地发挥自身的价值。

萧然原本积极上进，当初他以优异的表现进入了某营销公司。由于他热情大方，和同事们相处得也很愉快，在工作上更是很快就上手，获得了比较突出的销售业绩，不到一年时间，他就从普通的业务员升职为销售经理。

刚刚取得一点成就的萧然，就被自己的虚荣心所蒙蔽，变得自高自大、自以为是。当一些新来的业务员向他请教的时候，他开始还比较客气，后来就渐渐地摆起了架子，对人爱理不理不说，动辄就趾高气扬地指责批评，在下属面前总是炫耀自己当时是如何出色，如何轻松地应对客户，致使下属对他很是不满。

一次，一位下属接到一笔单子，但是客户要求比较苛刻，于是下属就请萧然亲自出马去谈判。萧然欣然接受，在批评下属的同时，还夸下海口说自己一个小时就能促成交易。

结果，在与客户谈判的过程中，萧然丑态百出，令客户很不满意，最后萧然不得不尴尬地离开，灰溜溜地跑回公司。此事传开，萧然受到了很多人的嘲笑。在其他同事升职的时候，他被降了级。

要想做好销售工作，需要销售人员一步一个脚印，脚踏实地地日积月累，即使有了一定的成绩也不能骄傲自满。如果沉醉于已有的成绩不思进取，早晚会被别人超过。盲目自大的结果只能是自毁、失败，只有虚心谨慎、求真务实的人，才能在事业上有所成就。

可以说，盲目自大就像麻醉品一样使人麻痹大意，看不清自己的位置和前进的方向，只知道陶醉在虚无的优越感中，总是自我感觉良好，甚至趾高气扬、目中无人，不懂得学习和提高自己，这样做的结果只能是不断退步，最终走向失败的深渊。

因此，有自大心理的销售人员，应该及时地对自己进行一番全新的评估，实事求是地评价自己的能力以及知识水平，重新确立自己的位置，将自己从自以为是的陷阱中拉出来。重新激发自己的上进心，虚心地向更加优秀的人学习，取人之长，补己之短。不要只满足于已经取得的成绩，要知道自己和世界级的销售大师相差甚远，自己还需要加倍努力。

作为一个好的销售人员，必须善于调整自己的心态，既要有百折不挠、不怕失败的精神，又要保持一颗平常心，不骄傲自大，时刻保持应有的谦虚。要知道，以前的业绩只是一种参照，销售人员可以从中学习到经验，但决不能让它成为束缚自己手脚的阻力，这才是一个优秀的销售人员所应该具备的心态。

心理学家认为，一个过分注重自我的人，往往会失去对周围人的关注，不能客观地进行自我认识和评价，就会产生一定程度的盲目和自负。因此，销售人员要善于观察别人，并进行对比和自省，保持谦虚的心理，学会把业绩归零，让自己重新开始、不断提高。要做到冷静而理智地对待自己的工作，不要因一点儿成绩就妄自尊大，止步不前。

建立起持久的工作热情

销售是一种压力大、挑战性强的职业，对人造成的心理压力也是巨大的。当职业目标的实现让人感到非常困难，甚至根本没有实现的可能时，销售人员就会产生厌倦。因此，销售人员要时常审视自己，思考自己想要什么、擅长什么、喜欢什么，把理想融入到工作当中，培养自己对工作的兴趣，使自己建立起持久的热情，从而不对工作产生厌倦。

在一个人的职业生涯里，总会出现某些令人厌倦的时刻，在遭受挫折和在感到烦躁的时候，在心情低落与热情消失殆尽的时候，人们往往会感到无奈和无助，内心无比的疲惫，不知前进的方向到底在哪里。于是，就不免会发出这样的感叹："要是不工作就好了！""太累了，真的不想干了！"

想必很多人都有过这样的体验。其实，一个人不可能每时每刻都保持着饱满的热情，也不可能每时每刻都精力十足。身体需要休息，心灵也是需要休息的。偶尔对工作产生一些厌倦情绪也是很正常的，因为我们每个人的情绪是千变万化的，可能刚才还喜笑颜开，但是过一会儿可能就会垂头丧气；有时候可能会充满激情地去工作，有时候又会很失望很难过，觉得工作没有意义。但是，工作是人的生命中非常重要的活动之一，每个人每天都有三分之一的时间是在工作，只有让自己在这三分之一的时间里过得更充实、更快乐，生活才会更加幸福。

当然，很多不确定的因素都会影响到人的心情和人们的工作情绪，比如厌倦心理。这是人们常见的一种心理状态，通常指由重复、单调、乏味的事物所引起的精神不佳的状态，使人感到不愉快甚至是心烦意乱。表现在工作当中就是：人们由于长时间处于同一种氛围之中，一直重复着同样的动作或者言语，就会对这项活动失去兴趣，从而感到心理疲劳，不愿继续做下去。在情绪上表现为焦躁、反感、消极、麻木等，如果不及时调整，就会影响人们的正常工作。

拿销售工作来说，确实算是比较死板和乏味的，所以销售人员对自己的工作产生厌倦心理也是常有的事情。但是，一时的厌烦情绪并不可怕，可怕的是销售人员因此而陷入消极情绪的泥淖中无法自拔，热情得不到迅速的恢复，从而完全失去工作的兴趣。

董阳做保险销售工作已经有三年的时间了，三年里他不断地东奔西跑，经历了不少的坎坷挫折。在刚入行的时候，董阳就给自己树立了远大的目标，并为之努力奋斗着。在三年的时间里，董阳很认真地学习着各种销售的方法和技巧，不断地磨炼和提高自己的能力。通过自己的辛勤付出，他也获得过公司的表扬，得到过不菲的奖金。

但是最近，董阳开始对销售工作感到厌倦，对自己的前途开始产生怀疑。他觉得自己的工作没有一点趣味，每天都是重复同样的事情。这几年自己在外面东奔西跑，基本上没有时间和家人团聚。一年四季，风霜雨雪，自己在外面的饮食起居没有保障，有时还要忍受别人的冷落和轻视。董阳前所未有地感觉自己力不从心，内心疲惫到了极点。

有时在早上起床时，他都会想，干脆辞职算了，不要再受这份罪了，起码能够睡个安稳觉。但是他又放不下自己的工作，既然已经坚持这么长时间了，也舍不得放弃。于是董阳陷入了深深的矛盾之中，虽然还是坚持每天上班，但是工作状态却远不如以前，很多时候都因为自己的消极情绪而失去应该得到的保单，这让董阳十分痛苦，虽然他在努力地调节，却仍然起不到好的效果。

对工作的厌倦使董阳失去了奋斗的目标，变得茫然而无所适从，进而陷入深深的痛苦之中。可见厌倦情绪对工作以及个人的影响是十分严重的。

在实际工作中，导致销售人员内心疲惫，对工作产生厌倦的原因有很多，比如工作很努力，却得不到应有的回报，或者与同事的交往不顺畅。有时过多地受到客户的责难和拒绝，让自己心生恐惧，工作乏味平淡，没有新意等。而这种不良的情绪会影响人们的正常工作。如果销售人员怀着厌倦的情绪去对待自己的工作，则会带来诸多的不良影响。例如情绪烦躁、易怒，对周围的人和事物漠不关心，工作态度消极，对客户没有耐心、不柔和，无缘无故发脾气，工作不用心，甚至打算跳槽或者转行。

实际上，每个人都是追求上进的，都需要获得应有的物质回报，并满足自己的心理需求。如果不管怎么干，都是在原地踏步或者得不到别人的认可和支持，那么销售人员的积极性、创造性必然会受到打击，工作的热情也会受到极大的挫伤，从而使内心的失败感、挫折感、厌倦感进一步扩大。长期处在这样的状况之下，其成长进步的信心和信念发生动摇也就是很自然的事情了。

在这种状况面前，销售人员应该保持乐观、宽容的心态，学会调节自己的情绪，积极地排解苦闷和进行宣泄，学会转移心中的不快，促进工作热情的恢复，使自己从厌倦工作的状态中尽快地解脱出来。销售人员应该给自己一个明确的角色定位，保持适度的心理期望，缩短梦想与现实之间的距离，不因现实的落差造成对心灵的打击。

科尔斯曾经是一家报社的职员，刚到报社当广告业务员时，他对自己很有信心，因此他向经理提出不要薪水，只按广告费抽取佣金。经理答应了他的请求。

他列出一份名单，准备去拜访一些很特别的客户，这些客户都是以前没有洽谈成功，并且公司里的业务员都认为是不可能与其合作的。

在拜访这些客户前，科尔斯把自己关在屋子里，站在镜子前，把名单上的客户念了十遍，然后对自己说："在本月之前，你们将向我购买广告版面。"

之后，他怀着坚定的信心去拜访客户。第一天，他和二十个"不可能的"客户中的三个谈成了交易；在第一个星期的另外几天，他又成交了两笔交易；到第一个月的月底，二十个客户中只有一个还不买他的广告。

在第二个月，科尔斯并没有去拜访新客户。每天早晨，那位最后拒绝买他广告的客户的商店一开门，他就进去请这个商人作广告，每天早晨，这位商人都回答说："不！"

可是每次当这位商人说"不"时，科尔斯都假装没听到，然后继续前去拜访。到第二个月的最后一天，对科尔斯已经连着说了三十天"不"的商人说："你已经浪费了一个月的时间来请求我买你的广告，我现在想知道的是，你为什么要坚持这样做。"

科尔斯说："我并没有浪费时间，在拜访您的过程中，我等于是在学习，而您就是我的老师，我一直在训练自己坚忍不拔的精神。"

那位商人点点头，接着科尔斯的话说："其实我也等于在学习，而你就是我的老师！你已经教会了我坚持到底这一课，对我来说，这比金钱更有价值。为了向你表示我的感激，我要买你的一个广告版面，当做付给你的学费。"

可以说，销售人员对工作产生厌倦，很大程度上都是心理疲惫引起的。销售人员在工作中往往会承受很大的心理压力，会遭受到许许多多的挫折和委屈，使自己的信心和热情受到打击而削减，从而产生身心疲惫、能量被耗尽的感觉。因此，销售人员应该学会欣赏自己、善待自己，适时地进行自我安慰、及时地给自己充电，让自己得以喘息并恢复元气。同时，也要学会向别人倾诉自己的苦恼，寻求必要的帮助。总之，要找到各种治愈倦怠的良方，让自己重新找回对工作的热情，以最佳的状态迎接新的挑战和机遇。

销售是"一种对于热情的传递"

人在潜意识中总是相信自己的朋友，相信跟自己熟悉的人，而对那些陌生人往往有一些排斥和戒备，这是人之常情。如果能够让客户感觉销售人员就是他们的朋友，那么销售其实就成功了一半。如果那样的话，他们对于销售人员所说的一切，都会有一种信赖感，从而也会对所售商品的质量深信不疑。

有人曾说，推销事业是充满热情的人从事的终身职业，当热情消退时，他的推销事业也就走向了衰退。在今天，人们对销售的一个最佳定义是"一种对于热情的传递"。当销售人员把自己对产品或服务的热情传递到客户的脑海和心灵后，产品自然就销售出去了。当这种情绪传递给潜在客户或现有客户时，客户在购买中的迟疑就会消失殆尽。

然而，让客户感觉你是他们的朋友并不是一件容易的事情，这首先要取决于销售人员对待客户的态度。有人做过这样的实验：

先找出四个人，然后与每个人用不同的问候方式交流。

对第一个人，销售人员面无表情地只说了一句："你好！"对方的反应也是冷淡的"你好"两个字；

对第二个人，销售人员面带微笑，同时主动伸出手说："您好"，对方也是面带笑容，主动地握手说"您好"；

对第三个人，销售人员说"您好！我是某某"，同时伸出手，对方也表现出了同样的反应，并告诉销售人员他姓什么；

对第四个人，销售人员说"您好！很高兴认识您，我叫某某某"，对方也和销售人员的反应一样，同时告诉了销售人员他的名字。

这说明对方对销售人员的态度取决于销售人员给对方怎样的影

响和刺激。在销售中，客户会根据销售人员的表现和态度来作出相应的反应。如果缺乏主动和热情，就很难影响客户的想法和行为，更谈不上进行下一步的销售了。

都说热情能带来幸运，因为人们都喜欢和热情的人在一起。一个销售人员如果缺乏热情、面无表情、反应冷淡，那么谁也不会愿意接近他，更不用说购买产品了。一个人最让人无法抗拒的魅力就在于他的热情，一个销售人员是否热情，决定了客户是否喜欢他、亲近他并接受他。可以说，是热情感染着客户们的情绪，带给他们愉快的感觉。在这种和谐的气氛中，他们就会不由自主地对你的商品产生好感，最终跟你成交。

罗伯特·舒克之所以能有后来的成功，很大程度上是受了其父亲赫勃·舒克的影响。赫勃·舒克是位非常有名的销售人员，他经常对罗伯特·舒克说："再没有什么能比得上热情的感染力了。"

初入保险业的时候，罗伯特·舒克就在父亲开办的公司工作。当时的销售方法还比较原始，销售人员都是凭着手中的"销售线"开展工作。所谓的"销售线"就是把一些潜在客户的姓名、住址、职业等信息写在一张卡片上，叫作备忘录，销售人员会根据备忘录上的信息挨个上门进行销售。

公司给销售人员们设计出了整套的销售方案——直接找客户公司的主要负责人，然后故作神秘地告诉对方自己有非常机密的事情要与之洽谈。很多客户会因此认为是重要人物或者联邦调查局的人来作调查，便会马上把人请进办公室。进入办公室以后，一切就要靠销售人员的销售技巧了。

赫勃·舒克认为这个方法是很有效的，可他手下的一名销售人员却极力反对。原来，这名销售人员手中的二十多条"销售线"都在同一个区域里。他总是在公司的报告会上向赫勃·舒克抱怨这个区域糟透了，强烈要求换一个区域。他声称，自己花了太多的时间去拜访这二十多名潜在客户，并严格按照公司的方案进行操作，可是不管作了多少努力，始终没有人买他的保险。这名销售人员的怨声载道令赫勃·舒克很不高兴，他觉得，这样会影响新的销售人员的斗志和信心。

于是，他站起来说："这根本不关区域的事，这是你个人的问题，我觉得你没有摆正心态。"

销售人员本能地反驳道："您不了解这个区域的人，谁也不能和他们做成生意。"

赫勃·舒克想了想，说："你要是坚持这样说我也没有办法。为此，我决定亲自去做。我们这就来打个赌：我要是能在下个星期前与这个区域的十人以上的客户做成生意，那你就得请我吃牛排，你只能吃豆子；反之，你吃牛排，我吃豆子。你同意吗？"

"那好吧，我同意。"销售人员想也不想地回答。

就这样，赫勃·舒克立即行动起来。但大家都不相信他会赢，因为大家知道，没有客户会耐心倾听同一家保险公司的销售人员再做一次同样内容的销售。

为此，赫勃·舒克还劝说自己的父亲："您这一步走的是险棋。我明白，您是为了增加大家的信心才这么做的。可是您想过没有，要是您输了，后果会很惨重，大家的士气会大受打击。"

罗伯特·舒克却不以为然地笑着说："放心吧，我有把握。你们只管等着看结果就是了。"

接下来的一个星期，赫勃·舒克总是早出晚归，没有向任何人透露半点进展情况，大家都迫切地等待着结果的揭晓。

终于，一周快要结束了，大家盼来了星期六的例行报告会。在会议上，赫勃·舒克当着众人的面打开自己的文件包，然后缓缓地抽出了一份附着支票的客户申请表，大声念出上面客户的名字，接下来是第二份……在所有员工的惊叹中，赫勃·舒克一共念了十六位客户的名字。大家完全被他折服了，都纷纷向他询问销售的过程。

赫勃·舒克笑着跟大家分享了自己的经历："我对这二十个客户说的是同样的话——您好，我叫赫勃·舒克，来自'富达洲际'保险公司。您一定记得，上个星期我的员工来拜访过您。今天我再次到访，是因为这个星期我们的保险又出台了几项新的条约，而且这些条约都关系到您的切身利益。更重要的是，条约对您更有利了，而价格却没变。所以，在此恳请您给我几分钟的时间，让我来告诉您这些新条约的内容好吗？"

说到这儿，赫勃·舒克解释说："当然，我们根本没有什么新条约，我拿的是和上次一样的条约。但是，我在给每位客户解释条约的时候都会提醒他们：'您可一定要仔细听，下面这条很特别，是全新的。'"赫勃·舒克接着说："每当我念完这些条约，客户都会点头称是。他们会说：'的确是这样啊，有好多都和上次不同呢！'其实，是因为他们前一次压根没有用心听。"

最后，打赌的那位销售人员输得心服口服。从这里我们可以看到，他不愿意再把保险销售给那个区域的人，因为他对该区域的二十多个潜在客户失去了信心，也对自己失去了信心。可是，赫勃·舒克对销售保持着高度的热情，愿意迎接任何一次挑战，把征服客户作为自己的职责所在和工作乐趣。

乔·吉拉德被誉为"世界上最伟大的销售人员"，他在15年中卖出了13001辆汽车，并创下一年卖出1425辆汽车的纪录。

乔·吉拉德每年销售出去的产品总量比同行高出好多倍。他在介绍经验时说："我成功的秘诀在于我认为真正的销售工作开始于商品销售出去之后，买主还没走出我们商店的大门，我的儿子就已经把一封感谢信写好了，我每个月都要发出1.3万张明信片。"的确，购买了吉拉德销售的汽车的顾客每月都会收到他寄的信，信被装在一个淡雅朴素的信封里，但信封的大小和颜色每次各不相同。

乔·吉拉德认为，不能让信看起来像个邮寄的宣传品，因为人们对此已司空见惯，往往是拿起来连拆都不拆就扔进废纸篓里去了，而吉拉德写的信一拆开就是"我想念您"的字样。在不同的月份，每封信都有不同的贺词。

不仅如此，乔·吉拉德还会给过生日的客户寄去祝福的信件。有的客户在生日前一两天就会收到来自吉拉德的祝福，惊喜之情可以想见。有人说乔·吉拉德每月发出的1.3万张卡片好像是兜售汽车的一个花招，事实上，乔·吉拉德对顾客倾注了全部心血。

他说："谈到做生意，好的大饭店是以其厨房里做出来的美味佳肴赢得顾客的，而我销售的是汽车，顾客从我这里买走一辆汽车时，就应当让他的心情像在大饭店里吃得酒足饭饱后满意地离开一样。"

的确如此，从乔·吉拉德那里买走汽车的顾客，当车出了毛病回来修理时，都会受到他的热情接待，并使汽车得到最好的修理。在工作中，乔·吉拉德并不考虑要销售多少辆汽车，而是强调每卖一辆汽车，都要做到与顾客推心置腹，并全心全意为顾客着想。

乔·吉拉德的情感销售术贯彻始终，这让他时时收获惊喜，得到了丰厚的回报。

对于一个销售人员来说，热情能让客户感到他与你是一种朋友关系，而不是销售与被销售的关系。如果他们当你是朋友，就会相信你所说的一切。在签订订单的时候，他们也许会说，你们公司的产品并不是最好的，但是跟你合作，是我最舒服的。

好多成功的营销者在工作中跟他的客户都成为了朋友。把生意当做朋友来经营，会让销售人员跟客户都感到开心。这样既能谈成一笔生意，又能多一个朋友，多一条路。

你给客户面子，客户给你单子

作为销售人员，无论在何时，都必须尊重客户，因为没有人会希望自己被别人看得微不足道。在推介产品时，你也许会发现客户买不起你的产品，你或许会认为他是在浪费你的时间，但是如果你表现出对他的漠视，甚至羞辱客户，就是"自断生路"。

从心理学的角度分析，每个人心中都有某种强烈渴求被接纳的愿望。因此，销售人员从接触到客户的那一刻起，就应竭尽所能地使他成为自己的忠诚客户乃至终身客户，而要实现这一目标，对客户发自内心的尊重便是首要任务。不管销售人员对客户有什么个人看法，都不能在言行和神态中表现出来，毕竟，每个人都会有自己独有的个性，而销售人员要做的，就是尊重客户，用自己对客户的尊重使客户接纳你的产品，为成功地实现销售作准备。

齐格·齐格勒是世界上最伟大的销售大师之一。一次，齐格·齐格勒上门到一位客户家销售一种炒锅。就在他和客户快要谈拢生意的时候，该客户的儿子正好从外面回来。

男孩一看父亲选中的那口锅，马上说："不要这个锅。太难看了，用起来也不方便。"

男孩的父亲一听儿子这么说，马上就犹豫起来。齐格·齐格勒发现这个男孩只有十七八岁，知道他正处于自以为是的年龄阶段。但是从孩子父亲的反应来看，又发现孩子对他的影响是不容忽视的。齐格·齐格勒心里明白，这次销售成功与否的决定因素就取决于这个男孩了。

于是，齐格·齐格勒亲切地和男孩攀谈起来。他拿出产品的大样图纸给男孩看，让他挑选自己喜欢的锅的类型。结果，男孩一下子就看中了其中的一款，他指着那款小巧精美的锅兴奋地对齐格·齐格勒说："你瞧，这个多好，比我爸爸选中的那个好看多了。"

齐格·齐格勒看着那款造型漂亮，容量却很小的锅，微笑着对男孩说："是啊，这款锅的确漂亮。不过，会不会太小了呢？"男孩想了想，也认同地点了点头。

于是，齐格·齐格勒找出一款和男孩选中的款式相同，容量却更大的锅对他说："你觉得这个怎么样呢？和刚才你选的那款样式一样，只是更大些。呵呵，你这么高的个子，那只小小的锅煮的饭恐怕还不够你一个人吃吧？"

男孩一听，挠挠脑袋，不好意思地笑了起来。最后，男孩和他父亲一致决定买下齐格·齐格勒为他们选中的那口锅。

有时候，眼看生意就要做成，半路却横生枝节，面对这种状况，可能很多销售人员都不会高兴，恨不得立马除去这些干扰因素。当齐格·齐格勒遇到这样一个多事的孩子时，心里不可能没有埋怨，可是他却并没有表现出来。当他发现男孩对其父亲有着极大的影响力之后，意识到这个男孩成了他此次销售成败的关键，于是便马上把销售的重心转向了男孩。结果，齐格勒通过对男孩颇具亲和力的说服销售，最终打动了男孩，同时也打动了男孩的父亲，生意也自然而然做成了。

做销售工作要记住，让客户感到不被尊重或没有面子，对自己是有害无利的。因此，销售人员一定要尊重客户，千万不要让客户觉得你目中无人。

有位老太太选好了两把牙刷，由于销售人员忙着又去接待另一位客户，老太太道声谢后就走了。

这时，销售人员才想起还没收钱。

销售人员一看，老太太离柜台不远，于是略提高声音，十分亲切地说："太太……您看……"

老太太以为有什么东西忘在柜台上了，便走了回来。销售人员举着手里的包装纸，说："太太，真对不起，我忘记把您的牙刷包上了，让您这么拿着，容易落上灰尘，多不卫生呀。"

说着，他接过老太太的牙刷，熟练地包装起来，边包边说："太太，这牙刷，每支五角五分，两支共一元一角。"

"呀，你看看，我忘记给钱了，真对不起！"

"太太，我妈妈也有您这么大的年纪了，她也什么都好忘！"

面对没有交钱的客户，很多销售人员会叫喊，让其回来付钱，尽管把钱收了，但却让客户很没有面子。而这位销售人员用了一个小小的"迂回术"，很自然地把老太太请了回来，又很自然地把谈话引到牙刷的价格上，这样一点拨，老太太也就马上意识到了。在整个谈话过程中，这位销售人员没有说一个发难的词，启发得十分自然，引导得十分巧妙，不仅收了钱，还让老太太很高兴。试想一下，如果他不是使用"迂回术"，而是对着刚离开柜台的老太太喊一声："哎，您还没付钱呢！"这样做也未尝不可，但对方会十分难堪，也难免会发生争吵。

聪明的销售人员要想做到尊重客户，在沟通中还要尽量做到以下几点：

一是包容他人的观点。如果销售人员能容忍与自己的看法相左的观点，客户就会觉得他们的观点值得一说，也值得一听。其实，越是能容纳别人的观点，就越能表明自己尊重他们。如回答"您的观点也有道理"等。

二是别抢话也别插话。每当客户要表明自己的观点时，要记住别插话，否则就会给人以这样的印象，你觉得他的话不值一听。正确的做法是，可以默默记下想要说的话或者是关键词语，就能保证不至于忘记自己的观点，以便在适当的时机跟客户表明。这样的话，客户就会觉得自己很受尊重，也会更从心底里接受销售人员提供的产品。

三是千万别戳穿客户的假话。人性之中都有虚伪的一面。面对客户的一些假话，不管是善意的还是恶意的，销售人员都不要去戳穿它，自己心里知道就行了，否则就会伤了客户的自尊心，结果可想而知。很多人都以自己能够戳穿别人的假话为自豪，其实，这不过是小聪明而已，在销售工作中，这绝对是个大忌讳。

百货公司的柜台前站着一个要求退货的顾客，态度非常坚决。

"这件外套我买回去后，我的丈夫不喜欢它的颜色，觉得样式也一般，我想我还是退掉为好，我可不想让他不高兴！"女顾客说。

"可是上面的商标都已经脱落了。"

售货员在检查退回的衣服时发现上面的商标已经被磨掉了，而且她还发现外套上有明显的干洗过的痕迹。

"哦，我记得当时买走的时候好像就没有……我保证我绝对没有穿过……因为我丈夫一见到它就说它难看。之后我再没有碰过它，直到今天我把它送来！"女顾客依然坚持要求退货。

看着上面干洗过的痕迹，售货员随机应变地说："是吗？您看会不会是这样，是不是您的家人在干洗衣服的时候把衣服拿错了？您看，这件衣服确实有干洗过的痕迹。"

售货员把衣服出示给顾客看："这件衣服本来就是深色，脏不脏很难看出来，说不定误拿了，我家也有过一次这样的情况。"说完，售货员温和地笑了。

顾客一看，只好也跟着笑了，说道："啊！一定是我家保姆送错了，不好意思……"

机灵的售货员用迂回的方法，不仅顺利解决了问题，而且让顾客心悦诚服。作为聪明的销售人员，就要学会保全客户的面子，不管客户做出了什么，都要对其表示尊重。